善行天下

中华慈善总会 编
刘 伟 浦善新 主编

中国社会出版社
国家一级出版社 · 全国百佳图书出版单位

图书在版编目（CIP）数据

善行天下．2101／中华慈善总会编；刘伟，浦善新主编．—北京：中国社会出版社，2021．2

ISBN 978－7－5087－6505－1

Ⅰ．①善… Ⅱ．①中… ②刘… ③浦… Ⅲ．①慈善事业－成就－中国 Ⅳ．①D632．1

中国版本图书馆 CIP 数据核字（2021）第 014531 号

书　　名：善行天下 2101
编　　者：中华慈善总会
主　　编：刘　伟　浦善新

出 版 人：浦善新
终 审 人：尤永弘
策划编辑：刘宏国
责任编辑：余细香

出版发行：中国社会出版社　　**邮政编码：**100032
通联方式：北京市西城区二龙路甲 33 号
电　　话：编辑部：（010）58124865
邮购部：（010）58124848
销售部：（010）58124845
传　真：（010）58124856
网　　址：www. shcbs. com. cn
shcbs. mca. gov. cn
经　　销：全国各地新华书店

中国社会出版社天猫旗舰店

印刷装订：中国电影出版社印刷厂
开　　本：185mm×260mm　1/16
印　　张：15
字　　数：220 千字
版　　次：2021 年 2 月第 1 版
印　　次：2021 年 2 月第 1 次印刷
定　　价：50. 00 元

中国社会出版社微信公众号

《善行天下》编委会

《善行天下》支持单位

（按单位拼音字母顺序排列）

北京兆泰集团股份有限公司

长城保险经纪有限公司

国家开发银行股份有限公司

泰康保险集团股份有限公司

中国银行股份有限公司

开启慈善事业新征程

宫蒲光

"人民对美好生活的向往，就是我们的奋斗目标。"这是中国共产党对人民做出的庄严承诺。

"美好生活"是什么样的？也许不同阶段、不同的人会有不同的描述，但刚刚过去的2020年，一场肆虐全球的新冠肺炎疫情，让我们比以往任何时候都深刻地理解和体会到：没有一个以人民为中心、心系人民、造福人民的执政党，不能做到家和国命运与共，美好生活只能是"水中花、镜中月"。

2020年，是我国慈善事业发展极不平凡的一年。无论是在新冠肺炎疫情这样突袭而至的大考中，还是在决胜全面建成小康社会、决战脱贫攻坚中，慈善人以大爱无疆、慈心助人、扶贫济困、扶危解难的家国情怀，不辱使命、奋勇争先、担当作为、为国分忧、为民纾困，用慈心善行照亮和温暖着祖国大地的每一个角落、每一个热切期盼的心，再次展现了独具魅力的夺目风采。

2020年，也是慈善事业值得深切铭记的一年。党的十九届五中全会通过的"十四五"规划建议明确，"完善共建共治共享的社会治理制度，扎实推动共同富裕""健全多层次社会保障体系""发挥第三次分配作用，发展慈善事业，改善收入和财富分配格局""完善帮扶残疾人、孤儿等社会福利制度""发挥群团组织和社会组织在社会治理中的作用"。明确慈善事业在我国既是社会保障体系的一部分，也是社会主义基本经济制度中特别是分配制度的重要组成部分，这是党和国家对慈善事业在国家治理体系和治理能力现代化大格局中地位和作用的精准定位，是赋予慈善事业在全面建设社会主义现代化国家新征程中的神圣使命和光荣任务，其中寄予的厚望和期待可见一斑。这一年，十三届全国人大常委会开展了遍及全国的慈善法执法检查，第二十二次常委会审议并通过执法检查报告，健全综合监管体系、完善配套法规政策、适时修改慈善法的建议被提上议事日程，慈善事业发展迎来了明媚的春天。

这一年的磨砺告诉我们，事业是撸起袖子干出来的，美好生活是靠双手奋斗出来的。

2021 年，是慈善事业继往开来的一年。这一年，我党迎来百年华诞；这一年，“十四五”隆重开局；这一年，是全面建设社会主义现代化国家新征程开启之年。进入新发展阶段，慈善事业在巩固拓展脱贫攻坚成果、参与乡村振兴战略、帮扶救助困难弱势群体、助力兜底保障、维护社会公平正义、促进社会和谐等方面，必将一如既往、再接再厉、再立新功！

慈善既是高尚道德的社会实践，又是优秀传统文化的结晶和崇高精神境界的体现，是人类文明进步的重要标志。现代化不仅是“物”的现代化，更是“人”的现代化；不仅要实现国家的富强，更要实现人的全面发展、社会全面进步。慈善是一种基于人性光辉的选择，代表人类道德发展的方向。中华民族是一个有着乐善好施、守望相助传统的民族。坚持用慈心善行弘扬和发展慈善事业，使慈善不仅成为公民的爱心展现，更是公民的一种社会责任和生活方式，以此推动社会主义物质文明、精神文明、政治文明的共同进步，提高整个社会的和谐度和幸福感，为实现全面建设社会主义现代化国家的目标助力加油、增砖添瓦。

百年征程波澜壮阔，百年初心历久弥坚。我国慈善事业发展前景光明，机遇与挑战并存。让我们在以习近平同志为核心的党中央的坚强领导下，为了人民幸福和民族复兴，开启慈善事业的新征程。

（作者系第十三届全国人大社会建设委员会副主任委员、中华慈善总会会长）

目 录

善解慈政

慈善动态

慈善影像

慈善人物

特别视点

社会责任

乡村振兴

社区慈善

小善大爱

善解慈政

道之以政，齐之以刑，民免而无耻；道之以德，齐之以礼，有耻且格。

——《论语·为政》

中国慈善事业发展：
成效、问题与制度完善

郑功成　中国社会保障学会会长、中国慈善联合会副会长

引言

慈善事业是我国社会保障体系的有机组成部分，也是公民参与社会建设与社会治理的重要途径。我国《慈善法》自2016年颁布实施以来，相关制度建设取得了重要进展，法律意义上的慈善组织与慈善活动开始走向规范，公民慈善意识明显增强，慈善领域的创新不断涌现，慈善资源动员能力也得到了提升。但总体而言，慈善事业发展滞后的局面并未从根本上改变，依法认定和新增慈善组织发展缓慢，慈善资源动员能力有限，慈善应急能力不足，失范现象时有发生。这些表明慈善事业对收入分配调节作用较为有限，慈善组织尚未成熟，究其原因主要是配套政策支持不到位，行政部门缺乏协调且监管不足与监管过度并存等。因此，必须进一步明确对慈善事业的定位，完善慈善法制，加大政策支持力度，促进慈善组织健康发展并营造有利的社会氛围。

2020年新冠肺炎疫情暴发后，短期内即募集到逾500亿元的善款善物，更有成千上万的志愿者参与抗疫服务，充分证明了慈善事业作为我国多层次社会保障体系的有机组成部分，不仅是不可缺少的社会力量，而且是值得政府与社会各界高度重视的、有益于国家和民众的社会事业，是社会成员参与社会建设与社会治理的重要途径。然而，抗疫中慈善领域暴露出来的运行失范、应急能力不足和慈善组织内部治理不优等问题，亦表明我国慈善事业尚未步入成熟的发展轨道。本文即是在长期跟踪慈善事业发展并于2020年7–9月对北京、湖南、宁夏、浙江等地开展专题调研的基础上，全面回顾总结我国慈善事业发展中的成效与不足，对慈善事业的未来发展提出建议。

一、《慈善法》实施以来的主要成效

2016年3月制定、9月实施的《慈善法》，全面正式地开启了我国慈善事业的法治之门。它在第一条就明确了发展慈善事业、弘扬慈善文化、规范慈善活动、保护慈善参与者合法权益，进而促进社会进步、共享发展成果的立法宗旨，为新时代慈善事业的全面转型与发展提供了基本法律依据。《慈善法》实施4年来，我国的慈善事业获得了较大的发展，正在进一步从传统走向现代、从有限的政策性文件规制走向法治、从少数人关注走向大众参与。客观事实表明，《慈善法》的制定与实施具有重大的时代意义。近4年来，我国慈善事业取得的成就主要体现在以下5个方面：

（一）与《慈善法》相关的制度建设取得重要进展

一是全国人大常委会先后于2017年、2018年修订了《红十字会法》《企业所得税法》。前者使作为从事人道主义工作的社会救助团体——红十字会系统的慈善活动被正式纳入法定慈善范畴，后者使《慈善法》第80条规定的企业发生的公益性捐赠支出“超过年度利润总额12%的部分，准予结转以后3年内在计算应纳税所得额时扣除”得以落地，有利于企业大额捐赠。二是2017年国务院颁布行政法规《志愿服务条例》，对志愿服务的宗旨、志愿者与志愿服务组织、志愿服务活动、促进措施、法律责任等作出了明确规制，使《慈善法》之“慈善服务”一章中有关志愿服务的规制得到细化。三是民政部、财政部等部门出台了包括慈善组织认定登记、公开募捐管理、慈善信托管理、慈善活动支出、互联网公开募捐平台、信用管理、志愿服务、慈善信息公开、慈善财产保值增值、公开募捐违法案件管理、有关非营利组织免税资格认定管理、公益性捐赠税前扣除、慈善捐赠物资进口管理、政府购买服务支持社会组织培育发展等规章或政策性文件。四是一些地方立法机关或政府亦出台了专门的地方性慈善法规或规章。如江苏、安徽、浙江、宁夏、江西、陕西等省区人大常委会先后制定了有关慈善的地方性法规，北京、广东等省市人民政府亦出台了有关促进慈善事业发展的规章。所有这些，均为促进慈善事业的发展提供了更细化的规范。

（二）法律意义上的慈善组织与慈善活动开始走向规范

改革开放以来，我国基于公益的社会组织不断发展，其中不乏以慈善公益活动为目标的慈善组织，但法律意义上的慈善组织却是自《慈善法》实施之后才出现的。《慈善法》实施以来，全国依法登记、认定的慈善组织从 2016 年的 629 个增长到 2020 年 8 月的 8600 多个，这些慈善组织以《慈善法》为依据，在相关法规、规章与政策性文件的引领下，在公开募捐、慈善服务与内部治理结构以及慈善信息公开等方面不断走向规范化；民政部门也加强了对慈善事业的监管并取得了初步成效。以北京市为例，《慈善法》实施后，北京市民政局推进社会组织（含慈善组织）信用记录和信息公开制度、社会组织活动异常名录和严重违法失信名单制度、失信联合惩戒制度，向社会公开慈善组织基本信息、年报信息、行政处罚信息和其他信息，迄今有 10 余家慈善组织被列入活动异常名录、5 家慈善组织列入严重违法失信名单，2020 年以来北京市民政局先后摸排网络信息 52180 条，发现涉嫌违法线索 112 件，查处慈善募捐案件 57 件。与此同时，以往存在的无序募捐现象大幅度减少，公权力机构与单位组织强制或摊派募捐的现象基本消除，从而净化了慈善募捐行为，也减少了无序募捐与强行募捐带来的社会冲突与不满。上述进步是《慈善法》实施带来的直接效果，标志着我国慈善事业已经开始法治化发展新阶段。

（三）公民参与慈善意识明显增强

调研发现，城镇社区建立的小微型慈善组织与志愿服务协会不断涌现，其立足社区组织开展相应的慈善活动（如互助服务、爱心超市等）与社区建设、社区治理相融合，得到了高度认同，越来越多的社区成员参与其中。这些立足社区的小微型慈善组织不仅为社区中的困难群体提供了有益的帮助，而且增进了社区成员之间的团结协作。自新冠肺炎疫情暴发以来，社区成为抗击疫情的主阵地，社区慈善组织和志愿者发挥了极为重要的作用。网络慈善的发展更是发扬了人民群众乐善好施的优良传统，使人民群众的爱心善意得到极大释放。《慈善法》实施后，民政部先后依法认定了 20 家互联网募捐信息平台，腾讯公益、阿里巴巴公益、支付宝公益、新浪公益、百度公益等平台的慈善募捐日益活跃，已形成了中国特有的网络慈善生态，并以其便捷性、小额度等特点赢得了公众喜爱，成为公众接受度最高的公益慈善参与方式。据 20 家互联网公开募捐信息平台数据显示，2017 年通过 12 家互联网募捐平台完成的捐赠次数超过 62 亿次，2018 年吸引了 84.6 亿人次网民关注、参与，2019 年全国共有 108.76 亿人次点击、关注和参与互联网慈善活动。以腾讯公益联合多家组织共同发起每年 9 月 7—9 日的“99 公益日”慈善活动为例，2015 年有 205 万人次在腾讯公益平台参与了慈善捐赠活动，募集善款近 1.3 亿元；2016 年参与度为 677 万人次，筹集善款 3 亿多元；2017 年 1268 万人次参与，募集善款 8.299 亿元；2018 年 2800 万人次参与，募集善款 8.3 亿元；2019 年超过 8.82 亿爱心用户线上互动，捐款人数高达 4800 多万人次，募集善款 17.83 亿元。疫情过后，2020 年“99 公益日”的互动人次高达 18.99 亿，共有 5780 万人次爱心网友通过腾讯公益平台捐出善款 23.2 亿元，加上爱心企业和腾讯基金会提供的配捐，本年度“99 公益日”总共募得善款达到了 30.44 亿元。上述事实表明，社区慈善与网络慈善蓬勃发展，社会成员的慈善参与意识被空前激发，社区与网络成了大众参与慈善活动的重要渠道，我国慈善事业的长足发展已具有一定的群众基础。

（四）慈善资源的动员能力得到了提升

据中国慈善联合会的慈善捐助年度报告，从 2015 年到 2019 年，我国年度慈善捐赠总额（含款物）从 1108.57 亿元增长到 1509.44 亿元，人均捐赠额从 81.69 元增长到 107.81 元。需要指出的是，上述统计并不完整，如一些事业单位与社会团体、许多社区小微型慈善组织接收的善款善物以及捐赠者直接向本乡本土捐赠的善款善物等均未统计在内，我国实际募集的社会慈善资源较中国慈善联合会统计的规模应当更大、增幅应更高。志愿服务同样得到了发展，全国注册志愿者人数在 2016 年不到 3000 万人，2017 年超过 6000 万人，2018 年突破 1 亿人，2019 年达 1.4 亿人；截至 2020 年 10 月 8 日，全国实名志愿者总数 1.85 亿人，志愿团体总数 76.68 万个，志愿项目总数 450.15 万个，服务时间总数 25.42 亿小时，记录时间人数 4489.3 万人。同时，我国慈善事业是服务国家发展大局的有生力量。在脱贫攻坚中，许多慈善组织积极投身其中，不仅贡献了大量款物，而且提供了相应的智力支持。据民政部提供的不完全统计数据，2016 年全国慈善组织用于扶贫济困的慈善支出达 300 多亿元；2019 年同口径的慈善支出近 500 亿元；近年来在民政部的推动下，更是推动慈善组织参与“三区三州”深度贫困地区的脱贫攻坚行动，引导慈善资源向这些地区倾斜，发挥了积极的作用。可见，《慈善法》实施以来，包括款物捐献与志愿服务在内的社会资源动员能力得到了提升，慈善事业在服务大局，尤其是在突发事件应对和脱贫攻坚等方面发挥了积极作用。

（五）慈善领域的创新不断涌现

一是慈善信托成为一种新的慈善形态。2001 年 4 月第九届全国人大常委会第 21 次会议通过了《信托法》，其中第六章专章规制公益信托，但始终未激活过。《慈善法》在第五章专章规制慈善信托，一个重要目的就是为了激发公益信托。《慈善法》实施后，慈善信托成为一种慈善新形态，2016 年从零起步，设立了 22 单慈善信托；截至 2020 年 8 月 31 日，慈善信托增长到 463 单，财产总规模为 32.4 亿多元。北京市截至 2020 年 7 月备案的慈善信托 36 单，总金额为 1.47 亿元。可见，慈善信托虽还未进入规范发展轨道，但作为一种慈善制度创新，从零起步到逐步发展，无疑是我国慈善事业向前发展的重要标志。

二是网络慈善显示出无穷活力。如由腾讯公益发起的“99 公益日”活动成为全国性的募集慈善资源和实施慈善项目的综合平台，不仅是募捐形式的创新，也是慈善服务项目通过透明、公开的方式接受大众检视并自主选择的新机制。一些慈善组织为更好地动员社会资源，不时推出具有创新价值的慈善项目，得到了越来越多人的认可。

三是在志愿服务方面，民政部门推广志愿服务项目化运作、社会工作者与志愿者协同、“菜单式”志愿服务等新的工作模式，有效地促进了志愿服务的效能提升。

此外，在调研中还发现，许多地方的社区慈善组织与志愿服务和社会救助、社会福利及公共服务等相融合，既达到了慈善的目的，亦使法定社会保障制度的实施更具针对性、精准性，有利于我国慈善事业的健康发展。

二、慈善事业发展滞后与问题症结

在肯定慈善事业发展并取得相应成效的同时，还必须清醒地看到，我国慈善事业总体发展滞后的局面并未从根本上改变。只有客观认识目前慈善事业发展滞后的原因，找准问题的症结所在，才能在目标导向、问题导向之下寻求促进慈善事业健康持续发展的着力点。

（一）慈善事业发展滞后的主要表现

我国慈善事业发展的滞后性，集中表现在如下四个方面：

一是依法认定和新增的慈善组织发展缓慢。一方面，在全国社会组织中，认定为慈善组织的占比严重偏低。民政部门数据资料显示，截至 2019 年底，全国共有社会组织 86.6 万个（其中基金会 7585 个，含公募基金会和非公募基金会，下同），而截至 2020 年 8 月 21 日，全国民政部门登记认定为慈善组织的只有 7596 个（其中基金会 5060 个），不到全国社会团体的 1%；即使是绝大多数可认定为慈善组织的基金会，也还有 1/3 没有被认定为慈善组织。调研中发现，浙江省作为慈善事业较发达的省份，其有社会组织 7.06 万个，而被认定为慈善组织仅为 942 个，占比虽超过了全国平均水平，但也只有 1.3% 强；宁夏有社会组织 5817 个，其中基金会 73 个，而被认定为慈善组织的只有 57 个，占全部社会组织的 0.98%、占基金会总数的 78%。这组数据表明，社会组织登记为慈善组织的比例极低。另一方面，在新增慈善组织方面，根据民政部提供的数据，2017 年全国新增 1025 个，2018 年下降到 913 个，2019 年进一步下降到 758 个，2020 年 1 月 1 日至 8 月 21 日只有 308 个，可见在逐年减少。社会组织转换成慈善组织的积极性不高，新增慈善组织数量呈逐年递减的态势，表明法定慈善组织并不具有吸引力。如果这种局面持续下去，我国慈善事业的发展将可能因缺乏足够载体而陷入停滞。

二是慈善资源动员能力依然有限。2019 年我国人均国内生产总值（GDP）超过 1 万美元，居民人均可支配收入 30733 元、人均消费支出 21559 元，城乡居民的恩格尔系数已降低到 28.2%；居民储蓄存款超过 80 万亿元，居民家庭投资理财产品达 20 万亿元。经过改革开放 40 多年的发展，我国民生水平产生了质的飞跃，民间财富日益丰厚，这为我国慈善事业的发展奠定了日益丰厚的物质基础。然而，全国每年接受的捐赠款物额在《慈善法》实施后虽有所增长，但慈善资源募集增幅却很小。2015 年全国慈善捐赠总额为 1108.57 亿元，2016 年增长到 1295.26 亿元，2017 年增长到 1499.85 亿元，2018 年下降为 1439.15 亿元，2019 年为 1509.44 亿元，总体上，我国慈善事业所筹集的款物占 GDP 之比约为 0.14%–0.15%；人均捐赠额虽然从 2015 年的 81.69 元增长到 2019 年的 107.81 元，但占居民人均可支配收入额之比为 0.34%、占居民人均消费支出额之比不到 0.5%，并且，这还是就捐赠总额计算的结果，如果再扣除占 3/4 的企业捐赠，个人捐赠更低。这一组数据表明，我国慈善组织动员的慈善资源规模极其有限。由此获得的一个基本结论是：以慈善事业为主要表现形态的第三次分配在我国国民收入分配体系和个人财富共享方面几乎可以忽略不计。

三是应急协调能力有限，枢纽型慈善组织缺乏。2020 年暴发的新冠肺炎疫情一度激发了社会各界的慈善热情，但疫情防控初期个别地区、个别慈善组织暴露出来的信息披露不足、款物处置迟缓、协调机制缺乏等问题，引发了公众质疑，也影响了慈善事业正常功能的及时有效发挥以及社会各界人士进一步参与抗疫慈善的积极性。目前，我国慈善领域还缺乏应急机制和协调能力，也缺乏真正有协调能力并能起引领作用的枢纽型慈善组织，在遇到重大突发事件时很难及时高效地使用慈善资源。

四是慈善领域的失范现象时有发生。有的慈善组织信息公开不足，透明度不够高；多头募捐、欺诈募捐及募捐财物“跑、冒、滴、漏”等现象并不鲜见，强行摊派募捐现象仍时有发生。在新冠肺炎疫情中，有的地区，被指定接受社会捐赠的机构或慈善组织出现接受和分配慈善捐赠口罩失范、抗疫物资积压严重，导致慈善款物不能得到及时有效利用、接受社会捐款被划入财政专户等不良现象，引发公众强烈质疑。此外，一些地方的监管部门在履行职责时亦存在着不足，并未真正做到用有效监管来促进慈善事业健康发展的根本宗旨。这些现象表明，慈善领域离真正意义上的法治化要求还有一定距离。

（二）导致慈善事业发展滞后的问题症结

我国慈善事业发展滞后的现实，揭示了《慈善法》确立的宗旨并未在实践中得到全面贯彻落实，问题症结主要可以概括为以下 4 个方面：

一是《慈善法》落实不到位，配套政策支持措施不到位。首先，慈善组织由双重管理改为民政部门直接登记制，是为促进社会各界举办慈善事业，但慈善组织认定很少与新增慈善组织数量逐年递减的现实表明，这一立法意图还有待进一步落实。其次，《慈善法》有关原则和规制缺乏有效政策配套。如《慈善法》第一条即明确保护慈善组织等慈善活动参与者的合法权益，但缺乏如何保护这种权益的政策规范，当慈善组织的权益受到监管机构、其他组织或网络等媒体损害时，缺乏维护自身权益的依据；《慈善法》规定慈善事业享受税收优惠，但税务部门的优惠政策还未能够进一步具体化，如个人捐赠的税收减免、受益人接受慈善捐赠享受税收优惠、对开展扶贫济困的慈善活动实行特殊优惠等均需要具体政策及操作指引，税务部门应当提供更加明白、便捷的减免程序与服务；《慈善法》规定慈善组织可以采取基金会、社会团体、社会服务机构等组织形式，但民政部门还缺乏对这类组织自动转化或新增慈善组织的政策细化与指引；《慈善法》规定的金融、土地、慈善信托等方面的优惠政策迄今尚未明确；将慈善文化纳入学校教育等规制亦未见相关部门采取具体行动等。再次，慈善促进政策力度还不够大。如个人捐赠的减免税额度限定在应纳税所得额的30%，属于偏低，扣减手续亦有不便；慈善组织接受房屋捐赠还要捐赠方或者接受方缴纳契税等税费，实质上减损了《慈善法》中鼓励不动产捐赠并用于慈善事业发展的立法功效；国家鼓励企业事业单位和其他组织为开展慈善活动提供场所和其他便利条件，但该规制迄今亦缺乏具体落地的政策；慈善信托仍未见清晰、明确的税收优惠政策出台等。

二是行政部门缺乏有效协调，监管不足与监管过度并存。一方面，尽管《慈善法》明确指出民政部门主管慈善工作，但相关支持政策却并非民政部门一家可以决定，还需要财政、税务、海关、银保监、网信、教育、宣传等多个部门同步出台相关政策才可以，所以目前还未形成有效的合力。在缺少授权的情形下，如果相关部门不能积极有效地配合，仅靠民政部门单独作为，《慈善法》的相关规制就难以落地。慈善事业发展滞后的现实，客观上反映了相关部门不能有效协调、联动配合的后果。另一方面，慈善监管存在着监管不足与监督过度并存的现象。调研发现，监管不足主要表现在民政部门的监管能力不足、推动促进慈善事业发展的政策支持力度不足。如民政部门承担了慈善组织登记注册与业务监管的双重职责，但并未相应地增加编制、人员，一些地市以下的民政部门甚至只有1人或者无人专门负责慈善工作，而依法检查或调查慈善组织必须有2人才能进行，这种状况显然无法满足慈善监督的需要；同时，监管部门对慈善组织的内部治理存在干预过度的现象，如对慈善组织的章程制定不是侧重于章程宗旨与使命及法定事项的监管，而是要求内容几乎一致，甚至规定慈善组织负责人任期不能超过两届、年龄以70岁为上限。这实质上是接近于对机关事业单位和行政干部的管理方式，剥夺了慈善组织应有的自治权，与鼓励人人行善、终生行善的立法追求不一致。而《慈善法》对慈善组织的章程、负责人已有明确的规制，只要其符合这些法律规制就应当视为合法，法规与政策不能违背上位法《慈善法》关于促进慈善事业发展和保护慈善组织及参与人合法权益的规制。如果能够建立稳定的部门协调机制和维护慈善组织内部事务的自决权，将会促进慈善政策的落地，激发慈善主体自我发展的内生动力。因此，目前的局面应当尽快改变。

三是相关制度跟不上慈善事业发展实践的需要。在《慈善法》制定过程中，因对网络慈善、社区慈善、个人求助等意见分歧较大，法律采取了淡化或回避的处理方式，这在当时是必要的，也是合理的，因为这些慈善形态在实践中表现得还不充分。但《慈善法》实施以来，网络慈善在快速发展，社区慈善在遍地开花，个人求助已不满足于传统的亲友或邻里圈子和交往有限的微信朋友圈，而是借助网络平台走向了互不熟悉的公众。实践表明，网络慈善、社区慈善是我国目前最具活力、实践效果与发展前景良好的慈善事业发展方向，但若没有相应的法律法规与政策支持，可能容易因不良的个案而使整体受到损害，进而影响到整个慈善事业的发展势头；对个人求助行为在现实场景可以不干预，但在网络平台的个人求助却因为具有公开募捐的性质，从而也需要有相应的规制与指引。这种规制不仅需要明确网络平台责任，还要明确个人慈善欺诈行为的法律责任，并给线上捐赠者给予理性指引。因此，尽快弥补现行制度对网络慈善、社区慈善、个人线上求助规制的不足，是促进我国慈善事业健康持续发展的必要举措。

四是慈善组织发育成长缓慢，行业生态并未形成。尽管我国的慈善事业获得了一定发展，但总体而言，慈善组织数量不多，发育成长缓慢，不仅缺乏规范化的内部治理机制，更缺乏专业人员参与。即使是人才云集的高等院校教育基金会，也普遍附属于所在高校，其人、财、物并不具有独立性；有的慈善组织行政化色彩深厚，有的慈善组织内附在所属的行政部门，等等，这些均表明我国的慈善组织还有待发展。同时，慈善行业组织发展滞后，中国慈善联合会作为行业组织的功能有待提升，地方慈善行业组织普遍能力不足，而采取一级只能有一个慈善行业组织的做法也不利于慈善组织自发联合并有效协同局面的形成，这使得慈善领域缺乏行业组织代表慈善行业发声并加以自律及维权。此外，我国的慈善理论与政策研究也非常滞后，不仅专业研究者数量稀少，而且缺乏求大同存小异的格局，既有成果呈碎片化，对健全完善慈善制度缺乏影响力，这必然影响到慈善事业的发展。

三、促进慈善事业发展的建议

基于上述分析，有必要重新认识慈善事业的定位并加快完善相关法制与政策支持体系。

（一）明确慈善事业的定位并找准我国慈善事业的发展方向

从慈善事业发展的一般规律出发，它以社会成员的善爱之心为道德基础，以贫富差距的存在为社会基础，以社会捐献为经济基础，以民营机构为组织基础，以捐献者的意愿为实施基础，以社会成员的普遍参与为发展基础。我们必须明了的一个基本事实是：慈善无国界，但慈善事业有国界。一方面，只有尊重所在国家的伦理道德与文化传统，才能产生社会共鸣、达成社会共识，进而使慈善事业成为大众参与的社会事业。在这方面，中华民族素有乐善好施的优良传统，但与欧美国家有很大差异，西方慈善以宗教为母，强调平等、博爱、爱人如己；而中国传统却以亲友相济、邻里互助为基，强调恻隐之心人皆有之，崇尚推己及人、由近及远、由亲及疏，其核心是儒家仁爱精神，以仁为本的人性论和成贤成圣的人生理想及追求和谐的社会理想，使行善成为行仁之方和成己之道。这种文化认同上的差异必定会深刻地影响到慈善事业的发展。另一方面，慈善之所以在当今世界成为一项伟大的社会公益事业，关键在于它不再是零星的、传统的爱心善意的释放，而是适应社会经济发展的需要、社会结构变化与社会分工发达的要求，不断形成的有规模的、专业化的社会资源配置方式，从而需要有相应的制度安排提供有效支撑。包括财政税收制度、收入分配制度、社会保障制度、社会治理制度等，均会对慈善事业的发展产生直接影响。如果这些制度对慈善是接纳与鼓励的，则慈善事业便可能得到大的发展；反之，慈善就只能停留在零散的慈善活动而难以成为规模宏大的社会事业。有鉴于此，我国慈善事业的发展必须坚持两个尊重：尊重现代慈善事业客观发展规律，尊重中国的国情，不能以规律为由脱离国情，也不能以国情为由扭曲规律。现代慈善事业的客观规律主要表现在志愿性、公益性、平等性、社会性以及法治与自治相结合上；中国国情的特殊性则主要表现为坚持社会主义制度、走共同富裕的发展道路、具有独具特色的悠久文化传统和社会经济制度安排。要促使我国慈善事业获得大发展，必须将这两个尊重有机地融合起来，而在此基础上寻求适合国情的慈善事业发展之路。基于上述认识，根据党的十九届四中全会决定精神，我们可以确定，中国特色社会主义的方向，就是中国慈善事业发展的方向，它是中国特色社会主义事业的有机组成部分，需要在国家现代化与共同富裕的进程中确立定位并发挥独特功能。中国慈善事业发展的合理定位，也是中国基本经济制度、社会保障制度、社会治理制度的有机组成部分：首先，慈善事业是中国基本经济制度的有机内容。它是立足于第三次分配基础之上的混合型分配机制，基于现阶段收入差距过大的现实和社会公平发展进步的要求，我国不仅要在初次分配中注入一些公平的要素，更要加大再分配和第三次分配的促进力度，慈善事业能否在其中扮演好自己的第三次分配角色至关重要。其次，慈善事业是中国社会保障或民生保障体系的有机内容。扶贫济困、养老哺幼、助残恤孤、服务社会和助力各项公益事业发展，是现代慈善事业发展的出发点，也是其归宿。这决定了慈善事业作为一种自愿的共享机制，与作为强制性的共享机制，即法定社会保障制度的内容与功能几乎具有一致性，如何在多层次社会保障体系建设中促进慈善事业与社会保障制度特别是社会救助、社会福利及特殊群体权益维护有机结合，对于慈善事业的发展至关重要。再次，慈善事业是中国社会治理体系的有机内容。社会治理是国家治理体系与治理能力现代化的基石，我国的现代化需要构建共建共治共享的社会共同体，社会成员需要有参与社会并发挥作用的途径，慈善事业即是十分有效的桥梁与载体。能否在社会治理体系中担当起相应的责任，对慈善事业的发展至关重要。上述“三个一部分或有机内容”即是中国特色慈善事业发展的基本定位，也是值得慈善事业努力的基本方向。在我国慈善事业的发展进程中，一方面需要适应时代的发展进步，适当运用市场化手段来募集慈善资源；另一方面也要防止市场化手段的滥用导致慈善事业异化的可能。同时还要处理好慈善领域的义利关系，慈善是利他行为，但现代慈善并非只是单纯基于优良道德的事业，还是社会分工发达且需要构建更加健全的社会治理结构的需要。因此，以“义”优先兼顾“利”可能是能够更好地调动各界参与慈善积极性的合理取向。

（二）修订《慈善法》，促使法律制度进一步完善

2016 年制定的《慈善法》是一部有较高质量的法律，但部分条款存在过于原则的倾向，且由于慈善事业的进一步发展对慈善法制提出了新的要求，客观上也存在着修订的必要。

第一，进一步完善慈善监管的法律规制。包括明确增加由主管部门牵头的部门协调机制，重构适度的慈善监管制度并以慈善组织的发展数量与质量、慈善资源的动员能力和公众参与慈善活动的满意度作为监管成效的核心评价指标，取消主管部门对慈善组织内部事务如章程制定、负责人任期与年龄等现有的不恰当规制，在政府部门与慈善组织之间建立良性互动的关系，使蕴藏在民间潜力巨大的爱心善意持续不断地释放出来。这是发展我国慈善事业的必要且重要的条件。

第二，增加对网络慈善的法律规制。基于网络慈善蓬勃发展以及其中存在不法个案的客观事实，以及网络慈善额小量大、激情捐献的现象，应当在《慈善法》中对网络与传统媒体加以区别，明确网络慈善活动的定义与边界、网络募捐行为的规则、网络平台及其经营主体的相应责任，以及禁止以慈善为名的网络欺诈。在成熟的网络慈善制度建成之前，可授权国务院及主管部门制定相应的法规或部门规章，为网络平台、网络筹款主体与网络慈善参与者提供具体、清晰的依据，更好地发挥互联网优势，在维护网络慈善健康生态的条件下促进大众慈善健康发展。

第三，增加对社区慈善的法律规制。社区是社会的根，人离不开社区。我国向有邻里互助的优良传统，基于中华文化的中国特色慈善事业需要以遍及全国城乡的社区慈善为基础。在调研中发现，社区慈善往往与基层政权建设和群众自治组织及社区服务能够有机结合，不仅符合邻里互助的传统与现行体制，而且畅通了社会成员参与社区治理的途径，增进了社会团结，为国家治理奠定稳定的根基。因此，我国应将社区慈善作为慈善事业发展的重要方向，大力培育社区型慈善组织，鼓励社会慈善机构直接抵达社区或者通过社区慈善组织直接服务于社区居民。然而，《慈善法》并未将社区型慈善列入法律文本正文，而是在“附则”一章中将城乡社区组织与用人单位并列，只明确社区组织可在本社区内部开展群众性互助互济活动。这一规制不仅难以适应社区慈善事业的全面快速发展，而且将社区互助限定在本社区内部，使其很难得到相关政策支持，难以有效调动社区外部社会资源。因此，可在《慈善法》中增加相应的法条，明确“国家鼓励、支持设立社区型慈善组织，社区型慈善组织采取备案制，平等享受国家支持慈善组织的优惠政策”；同时在“促进措施”中赋予社区慈善组织享有平等获得相关政策支持的权利。

第四，增加对枢纽型慈善组织发展和慈善应急机制的法律规制。在新冠肺炎疫情中，各界的爱心善意井喷式爆发，但慈善领域因应急机制缺失一度失灵，尽管原因是多方面的，但缺乏枢纽型慈善组织的引领与协调是关键因素之一。因此，建议在“慈善组织”一章中增加专门的法条，明确鼓励、支持枢纽型慈善组织的发展，并通过其发挥引领与协调作用。同时，基于重大事件突发时很难按照常规做法操作到位，还有必要将建立慈善应急协调的法律规制更加具体化，如明确赋予慈善行业组织建立共享信息平台、相互协商机制等职责，要求主管部门、慈善组织特别是行业性、枢纽型慈善组织应当制定慈善应急预案，以便在重大突发事件发生时有行动指南。此外，还应当强化对慈善行业组织的规制，在建立如中国慈善联合会等行业组织的同时，允许其他慈善行业组织自发形成，并明确其服务功能与协调功能。

第五，进一步明确对“慈善信托”的法律规制。以基金会与慈善信托为代表的慈善形态，是现代慈善事业发展的重要取向，我国更加需要重视促进家族慈善的发展。因为家族慈善符合中华文化传统。在越来越多的人进入富裕阶层后，让子孙后代做善事将成为新时尚。而家族慈善基金会与慈善信托将是适合家族行善代代相传的合理选择，应研究中国家族财富发展轨迹与传承文化，为家族慈善事业的发展创造良好的政策环境与社会氛围。基于现实中的有关问题，有必要在《慈善法》之“慈善信托”一章中增加相关内容，包括设立慈善信托的统一标准设定、慈善信托的财产登记规制、慈善信托税收优惠政策、慈善信托的内部治理架构、对慈善信托受托人的保障，以及作为慈善主管部门的民政部与作为信托业主管部门的中国银保监会的职责分工与协作。具体规定应当由民政部主导制定，银保监会密切配合，法律应当对两个部门的职责与协作机制及慈善信托建设与发展的相关原则问题加以明确。唯有如此，才能真正促使慈善信托获得健康发展，成为我国慈善事业发展的重要方向。

第六，强化对慈善组织的财产保护。基于存在着政府有关部门将慈善捐款强行划入财政或财政专户的个别现象依然存在，《慈善法》宜在“慈善财产”一章中进一步明确“政府部门及任何组织与个人均不得将慈善组织的财产与捐赠款物占为己有”，以此使保护慈善组织财产权的法律原则进一步具体化，真正杜绝通过行政指令将社会捐赠强行划入财政专户等做法，避免公权力滥用对慈善组织自主权利造成损害。

第七，进一步细化信息公开规制。基于慈善组织信息公开不足与一部分公众对慈善信息公开的过度期望，《慈善法》有必要在“信息公开”一章中明确信息公开的核心指标与公开标准，推动慈善系统的信息共享平台建设，以便接受社会监督，同时强化对个人隐私与慈善组织商业秘密的保护措施。

第八，进一步完善对“慈善服务”的规制。在现行法律中，“慈善服务”虽然单列一章，但主要是对志愿服务的规定，而这一章的本意应当是促进服务型慈善组织大发展，通过为社会提供相关公益型的服务来满足需要，因此，有必要进一步明确服务型或运作型慈善组织的服务职责，取消慈善组织委托有服务专长的其他组织提供服务的规定，这样才能有利于促进服务型慈善组织发展。

第九，强化对慈善领域的欺诈行为的法律责任。即在“法律责任”一章中进一步明确对组织与个人的慈善欺诈行为的处罚措施，同时明确监管部门超越职责损害慈善组织自治行为的处罚规制。如《慈善法》能够在修订中实现上述改进，则我国慈善事业发展就具有了更加完备的法律依据。

（三）抓紧出台有力度的政策以支持慈善事业健康持续发展

我国的慈善事业立足于扶危济困和教育、科学、文化、卫生、体育及环保等公益领域，其筹集的社会资源和提供的服务不仅是对政府财力的有益补充，更是满足人民群众民生需求的重要途径，是中国特色社会主义事业的有益组成部分。应尽快出台完整的、更有力度的政策措施，为慈善组织与行善者提供清晰、稳定的预期。重点在于：

一是坚持监管适度。降低慈善组织登记门槛，转变政府职能，以服务姿态取代传统的管控传统，特别是要尊重慈善组织的自主权，取消对其不恰当的干预，将法治与自治有机结合起来，激发慈善组织与行善者的内生动力。

二是加大税收优惠力度并提供便捷的税收减免服务。如个人捐赠是自然人依法取得的税后收入的捐献，应当从现行的限定在30%以内扩展到全额免税；房屋捐赠并非商业交易行为，应当免除契税与所得税；慈善组织是社会公益组织，其基于慈善宗旨的经营性收入不能按照企业所得税标准征税，因为慈善组织的有偿性收入并非为了营利而是为了完成慈善使命，不宜征收企业所得税；还应当加快研究出台遗产税、赠与税等，以助力先富者形成现代财富观。同时，税务机关应当为慈善组织与捐赠者提供更加便捷的减免税收服务，包括运用电子化手段解决小额捐赠的发票问题、允许个人捐赠年底抵扣个人所得税等。

三是明确政府购买服务优先面向慈善组织，以此助力慈善组织发展，并引导社会成员通过慈善组织捐赠，以促使慈善资源的有效配置。

四是抓紧制定促进慈善行业人才激励政策。放松对慈善组织工作人员薪酬的严格管制，对慈善专业人才培养出台专项政策支持等。

总之，中国发展已经进入了一个崭新的时代，新时代的国家发展战略已经为慈善事业的发展提供了基本遵循，《慈善法》的实施为慈善事业的发展提供了基本法律依据，持续发展的国民经济与不断增长的社会财富积累已经为慈善事业的发展奠定了日益丰厚的物质基础。只要进一步明确慈善事业的定位，找准发展方向，并据此加快完善慈善法制与相关政策支持体系，进一步改善政社（慈善）关系，同时理性引导公众参与，我国的慈善事业就完全可以走进全面发展的黄金时代。

（来源：《中共中央党校（国家行政学院）学报》第24卷第6期，
2020年12月；注释已删除）

王振耀：
“公益国家队”进场“99公益日”，应给予鼓励

浮琪琪

引言

2015年腾讯发起创立的“99公益日”，希望用移动互联网化、社交化等创新手段，发动全国数亿热爱公益的网民通过小额现金捐赠，以轻量、便捷、快乐的方式参与公益，实现人人可公益的梦想，推动公益行业的长远发展。

回看过去5年，“99公益日”已深度搅动公益行业，搭起链接各方的重要平台。当然，每年在引发公益行业极大关注的同时，一些议题也因此发酵。从早几年的大病筹款吸走大量资金，到今年“99公益日”各地慈善会系统为主体的“公益国家队”的进场。

我们该如何看待“99公益日”的创新价值？它为整个公益行业、社会公众带来了哪些影响？它是否实现了腾讯创办这一公益节日以推动人人可公益的初心？存在哪些亟待改进的地方，未来公益行业将是什么样的新态势？

本文选取北京师范大学中国公益研究院王振耀院长接受《社会创新家》的访谈，供大家参考。

腾讯于2015年发起创立的“99公益日”，已过5年。

腾讯创立“99公益日”，希望用移动互联网化、社交化等创新手段，用轻松互动的形式，发动全国数亿热爱公益的网民通过小额现金捐赠，以轻量、便捷、快乐的方式参与公益。他们希望成为“人人可公益的创联者”，成为公益组织和广大爱心网友、企业之间的“连接器”，发挥互联网核心能力推动公益行业的长远发展。

回看过去5年，我们该如何看待“99公益日”的创新价值？它究竟为整个公益行业、社会公众带来了哪些影响？它是否实现了腾讯创办这一公益节日以推动人人可公益的初心？存在哪些亟待改进的地方，未来还有哪些发展可能性？

针对这些问题,《社会创新家》专访了北京师范大学中国公益研究院院长王振耀。

技术+互联网，引领慈善潮流

《社会创新家》:“99公益日”已过5年，现在值得作一次总结。王院长一直非常关注社会创新，从社会创新的角度，您如何评价“99公益日”的价值?

王振耀:“99公益日”是世界范围内针对公益募捐的一次重大社会创新。它符合中国国情，极具中国特色。在我国慈善事业起步的初期，社区慈善和组织捐赠并不完善的情况下，“99公益日”提升了社会大众的网络捐赠意识，同时带动众多社会组织、公益慈善项目参与其中，引领了中国现代公益慈善的发展。

《社会创新家》:2019年“99公益日”获得4800万人次捐款，捐款总额超过17.8亿元，实现两个里程碑数据——参与的慈善组织超过1万家，参与的企业超过1万家。这些数据对公益行业、社会公众意味着什么?

王振耀:3天内能达到如此数据，证明“99公益日”基本上将中国活跃的慈善组织和企业凝聚到了同一个平台上。这种凝聚不是通过僵硬的组织手段，而是通过技术构造了一个机制性联系，具有鲜明的社会性、群众性。不仅是公益行业的盛宴，也是大众喜闻乐见的社会性活动，将中国的慈善事业向前推进一大步。

《社会创新家》:“99公益日”背后的理念不断更迭，从最初“人人公益”到“指尖公益”，再到“理性公益”。这种理念进化，背后反映了一个什么样的发展趋势?

王振耀:这个进化代表了整个中国公益慈善事业的发展进程。慈善的本质是平民大众参与慈善。在世界上其他国家，大部分捐赠主要来自平民。而早期国内大众参与慈善不方便。腾讯利用技术、移动互联网创造了“99公益日”，推动了“人人公益”的发展，融合并引领了现代慈善的理念。

接着，腾讯倡导“指尖公益”，公众参与公益的方式更加便捷。现在发展到“理性公益”，这符合中国与全球慈善发展的大潮流。腾讯既顺应潮流，也在潮流中不断提升自我，继而在大潮基础上造势，引领全国公益慈善的发展。

《社会创新家》:每逢“99公益日”，很多草根组织会充分利用朋友圈做传播，有声音认为这是“杀熟”，这是与中国传统文化有关吗?例如著名学者费孝通曾提出中国是一个“差序格局”的文化，您怎么看？

王振耀：在世界上，很多国家的慈善捐赠主要来自熟人捐赠。譬如在美国，居民参加教区活动，普遍被要求进行捐赠，甚至要求捐赠个人工资的10%。平时居民经常收到传单、信件等劝募信息，甚至很多劝募带有一些强制性的意味。对比之下，我们国家的公众尚不适应熟人募捐，不过可以逐渐适应。

我们中国文化蕴含非常强大的“善”观念。我们的家国情怀是文化差序格局的一种表征。我们应该思考如何运用转化这强大的“善”资源。从周边人开始做募捐，可视为一个尝试。公众既可以理性捐赠，也可以选择不捐赠，心态放平和，这是一种双向选择。

《社会创新家》：腾讯联合创始人陈一丹多次对外传达“99公益日”初衷在于帮助慈善组织彼此共生共建。但在实际运行中，各家慈善组织分割同一块大蛋糕，似乎呈现出一种强竞争关系，甚至显得“混乱”与自顾不暇。您怎么看待这种现状？

王振耀：我们必须容忍重大社会创新存在一定的“混乱”。如果没有一些“争”和“乱”，这是不正常的、没有活力的。在创新初期，我们不要试图要求所有参与方整齐划一，要允许有创造，有合理的“乱”。

从无序到有序，是事物发展的必经之路。我们无法要求一个技术诞生后立刻呈现出绝对的有序与成熟。总体上，“99公益日”经过自我更新改善，有能力将混乱控制在合理的范围与空间内，最终会助力慈善机构共生共长。

《社会创新家》：“99公益日”背后，腾讯通过一系列技术来增加透明，保障公平竞争。但也有公益人认为，表面公平不是事实公平，终归还是“马太效应”，反而加剧不同机构在资源占有上的差距。您怎么看？如何实现其中的平衡？

王振耀：在保障公平之外，腾讯可以设计一个补偿机制。譬如腾讯将来可以尝试拿出一部分资金来补偿弱小机构，或者给小机构开辟募捐专场，类似社会管理上的社会救济机制。具体怎么操作需要邀请行业代表，大家一起讨论设计。一个产品的发展需要不断完善，大家一起提意见，互相辩论，而不是一股脑儿地否定整个产品。

迭代规则，保持进化

《社会创新家》：2020 年的“99 公益日”，关于以地方慈善总会为代表的“国家队”入场引发众多讨论。有人认为慈善会入场是参与竞争的好迹象，有人则质疑其不正当竞争，甚至“以权谋捐”，您怎么看?

王振耀：“公益国家队”之前经常被认为是官僚主义，与人民群众不对接，如今“国家队”改变作风，参与群众进行竞争，由此又引发争论。关键在于如何认识公权力。从我们传统文化看，公权力不是必要的恶，而是必要的善。既然“国家队”具有为公众做事的完备网络，况且它们募款后依旧按照公益方针，施用于公众，那对他们“进场”参与竞争的姿态，我们应给予鼓励。

当然，我们需要提醒“公益国家队”遵循游戏规则。对于可能出现的滥用权力问题，需要腾讯出面设置相应规则进行约束。譬如腾讯可以规定，假如“国家队”募款额达到一定数量，必须强制性地拿出一部分资金支持公益伙伴。如此一来，通过建立机制来实现一种再平衡，鼓励“国家队”和社会之间形成有机联系，从而促进整个生态的良性建设。

“99 公益日”是政府与民间共同学习公益的平台。有问题不可怕，关键是大家面对问题一起讨论并加以改进。规则很重要，只要规则一变，可以实现双赢或多赢。

《社会创新家》：面对“公益国家队”的入场，一些草根公益人自觉无法与之竞争，甚至断言今年“99 公益日”筹款危矣。在您看来，民间公益机构对此应保持一种什么样的心态？在情绪之外，如何与慈善会等合作，从而共同发展?

王振耀：很多人喜欢称民间公益机构为“草根组织”。我更愿意称它们为“专业化社会服务组织”。“草根”这种称呼，是一种与官办比较对立的叙事。换成“专业化社会服务组织”，听起来让人肃然起敬。这些专业化社会服务组织应该自信一些。以人为本的社会革命已经到来，它们作为社会的毛细血管，将来大量社会服务需要依靠它们来做。

专业化社会服务组织应该发自内心肯定自己的优势和价值。同时，它们应与官办慈善机构、政府之间形成一种良性的互动关系。在这个过程中，需要官办机构、政府支持培育这些专业化社会服务组织，政府应该学会向它们购买专业的社会服务。

《社会创新家》：“99 公益日”有哪些改进的地方？未来还有哪些发展可能性？

王振耀：总体上，“99 公益日”的发展方向没有问题。如果以未来 5 年的维度来看，我们应该为“99 公益日”提供一个机制性的支撑。譬如，每年公开组织行业、政府、民间等多方代表共同对话，商讨如何进一步完善“99 公益日”这个平台，为将来过亿甚至几亿人的捐赠做准备。

同时，腾讯应充分利用社会上广泛存在的“善”，开发更多与社区日常生活关系密切的公益项目。腾讯可以开发一系列衍生品，引导公众不仅只关注钱，也要关注示范性项目的社会影响力，使得公益成为一种生活方式。我也期待将来腾讯可以邀请更多企业上的合作伙伴加入进来，帮助“99 公益日”成为一个在中国乃至世界范围内产生更大影响力的公益平台。

（来源：微信公众号“社会创新家”）

邓国胜：公益行业的筹款竞争将更加白热化

浮琪琪

引言

2015年腾讯发起创立的“99公益日”，希望用移动互联网化、社交化等创新手段，发动全国数亿热爱公益的网民通过小额现金捐赠，以轻量、便捷、快乐的方式参与公益，实现人人可公益的梦想，推动公益行业的长远发展。

回看过去5年，“99公益日”已深度搅动公益行业，搭起链接各方的重要平台。当然，每年在引发公益行业极大关注的同时，一些议题也因此发酵。从早几年的大病筹款吸走大量资金，到今年“99公益日”各地慈善会系统为主体的“公益国家队”的进场。

2020年“公益国家队”进场“99公益日”，这将造成怎样的公益大变局？新力量进场，未来公益行业将是什么样的新态势？《社会创新家》专访了清华大学公共管理学院副院长邓国胜教授。

政府不能既当裁判员又当运动员

《社会创新家》：自2015年以来，“99公益日”每年都是公益领域的热点话题，2020年是第六个“99公益日”，您在关注哪些议题？

邓国胜：最近一个热点问题是官方慈善会系统介入“99公益日”。根据媒体报道，一些地方政府直接利用行政力量向公众摊派捐赠份额。这意味着，政府既当裁判员，又当运动员，借助行政力量挤占公益慈善资源。这种行为违背了《慈善法》的精神。在《慈善法》里，我们可以明确看到，公益慈善是一种自觉自愿的行为，强制性的行政命令将破坏行业公平竞争的规则。

公益慈善的真谛不在于捐款数额，而在于市场经济背景下，弘扬一种爱心文化，激发社会活力，带动人人参与公益。因此，腾讯“99公益日”在规则设计上，不是鼓励少数人一次性大额捐赠，而是鼓励多数人在自愿基础上进行多次小额捐赠，从而带动更多公众参与公益慈善。如果政府真的使用摊派而非鼓励社会动员方式强制募捐不仅违背法律，这样的行为显然与“99 公益日”的初衷相悖。既无法促进公益慈善行业的发展，也无益于激发公众参与公益慈善的热情。

《社会创新家》：政府、官办公益机构和民间公益机构，它们之间应该保持一种什么样的关系？

邓国胜：党的十八大明确提出要建立政社分开、权责明确、依法自治的现代社会组织体制。政社之间应该是边界清晰的，政府既不越位也不缺位。在公益慈善领域，政府制定法律法规，管理行业远景规划，保护捐赠人、受益人、慈善组织等各方权益，是裁判员的角色。而公益慈善机构应该是运动员的角色，无论是官办公益机构，还是民间公益机构，都应该凭能力公平地参与竞争。

《社会创新家》：在处理与官办慈善会系统的关系上，“99 公益日”可以怎么做？

邓国胜：互联网的力量在这次疫情公益中表现突出，整体来看未来，“99 公益日”可以尝试引导慈善会系统产生一些比较重大的变革，通过规则设定或者技术创新激发出慈善会系统的活力。如果可以利用“99 公益日”做到这两点，那腾讯的功劳大了。

但现实是，今年众多慈善会系统参与“99 公益日”，很多公益组织会失去动力，都在担心谁能扛得过慈善会的行政动员？这将极大挫伤公益组织的创新与活力。

所以，期待每一年的“99 公益日”都可以强化各种规则设计，保持公平的同时也激发官办慈善会系统发生变革。

引领人人公益的潮流

《社会创新家》：如何评价过去 5 年“99 公益日”对中国公益发展的价值与意义？

邓国胜：“99 公益日”是整个公益领域里的一个能量很大的事件。它的规则是参与小额捐赠的人次越多，配捐越大，这有助于激发人人参与公益“99 公益日”最大的意义在于动员公众做公益，从而引领人人公益的潮流。

同时，“99 公益日”可以帮助慈善组织提升自我能力。我们可以看到，捐赠数额名列前茅的公益组织，它们设计的公益项目不再仅仅是传统的苦情公益，而是创新的、有参与感的互联网公益项目。在“99 公益日”中，慈善组织只有设计出优质的公益产品，才能通过互联网吸引公众捐赠。

另外，“99 公益日”带来一个附加效果：促使那些不具备公募资格的慈善组织，与具备公募资格的慈善组织加强联系与合作，彼此共享公募权。中国公益慈善事业发展的一个瓶颈，即是许多公益慈善组织没有公募权。问题是，具备公募权的慈善组织，受限于自身能力，无法设计出很多好产品；而有好产品的公益组织，可能不具备公募权。“99 公益日”促进具备公募权的机构与基层社会服务机构加强合作，有利于助力整个公益慈善行业的发展。

最后，腾讯利用自身平台和流量优势，帮助“99 公益日”成为一个几千万人次参与的社会事件，引发慈善圈外的社会公众的关注，使得公益慈善不再是自娱自乐的小圈子事件，某种程度上达到了“破圈”。社会关注度高，有利于提高社会公众对公益慈善的认知与了解。

《社会创新家》：“99 公益日”已成为现象级的公益节日，您认为腾讯最重要的是做对了什么？抓住了什么趋势？

邓国胜：这与整个互联网发展的时代背景有关。在这个时代背景下，数字公益是未来的发展方向。腾讯抓住了这个趋势和潮流。同时它也抓住“80 后”“90后”这批群体，将他们纳入公益事业作为未来慈善发展的潜在后备力量。最后，腾讯抓住了未来公益创新的趋势，不再是传统泪水式的公益，而是快乐的、创新的、互动的、好玩的公益。

用小钱撬动大钱

《社会创新家》：每逢“99 公益日”，很多草根组织利用朋友圈做传播，但有声音会认为这是“杀熟”，您怎么看？

邓国胜：中国是一种差序格局的文化，讲究由己及人，“杀熟”无法避免，但并非坏事。不过，公益慈善传播不能完全局限在熟人文化中。现代社会是一个契约社会，慈善组织可以通过现代慈善的规律与逻辑，吸引陌生人参与公益，培养整个社会的慈善文化。

《社会创新家》：“99 公益日”暴露了公益组织之间的强竞争关系，但竞争似乎是公益行业比较避谈的问题。

邓国胜：公益行业既有合作又有竞争，包括钱的竞争与人的竞争。这种竞争关系非常明显。譬如“99 公益日”，配捐总额是有限的，一家拿钱，意味着另一家缺钱。这本身就是一种激烈的竞争行为。正是竞争过于激烈，才催发一些指向腾讯的不平之气。

在某些公益领域，恶性竞争比比皆是，包括不择手段地抹黑告状，竞争场面也是血淋淋的。既然竞争不可避免，我们倡导竞争，但前提是公平竞争。未来在筹款方向上，公益组织之间的竞争应该会愈加白热化。

《社会创新家》：“99 公益日”在公益组织的筹款战略中，应该处于一个什么样的合理位置？

邓国胜：公益机构有很多种筹款的方法与途径，需要保持一个多元化的筹款策略，不要把鸡蛋放在一个篮子里。过于依赖“99 公益日”，对组织发展而言，是风险过高的不健康选择。

《社会创新家》：走过 5 年，面向未来，“99 公益日”有哪些可以进化的地方？

邓国胜：期待腾讯对公益的投入可以继续加强，继续保持强大的创新与反思能力。以腾讯的影响力而言，社会公众对它还有很高的期待。譬如，就腾讯自身而言，除了腾讯公益平台以外，有没有可能开发出一款具有强大社会影响力的公益产品。同时催生其他公益机构设计出一批有广泛影响力的公益项目。

下一步，腾讯可以为公益组织提供更多政策引导与资源倾斜，激励公益组织通过“99 公益日”及腾讯公益平台，设计出更好的产品与项目，以吸引更多公众参与。毕竟，“99 公益日”的价值，不只是配捐的 3 个亿，而是激发慈善组织自身的活力，带动人人参与公益，用小钱撬动大钱。

《社会创新家》：对“99 公益日”还有哪些具体的建议？

邓国胜：譬如每年对参与“99 公益日”的公益慈善组织做好审计披露，积极履行监督之责，一旦发现违规行为予以严肃处理，并对行业形成一定威慑力；提高产品的创新性与有效性，如在公众捐款前自动跳出弹窗，公布该慈善组织的相应评分，让公众心中有数，自愿选择是否捐赠，从而促进行业优胜劣汰。

当然，腾讯是一家企业，它已经做了很多，腾讯公益目前已经是最大的募捐平台，但它不可能包打天下，无法代替所有相关方，更无法解决所有问题，还需要我们整个社会共同努力。

（来源：微信公众号“社会创新家”）

激活社区治理的市场力量

闫加伟

引言

社区治理创新呼唤更加专业的社区治理平台和社区治理专业运营机构。这样的平台机构，一定要有党的领导、政府管理，这是前提。这样的平台，一定要兼具公共意识、公益意识和市场意识，熟悉行政理念，具备社会化思维，熟悉市场化运作。这样的平台机构，还要靠社会近一点，离政府远一点，否则容易被体制吸纳，释放不出社区治理活力。

社会力量参与社区治理，并不天然只是社会组织，还包括市场力量（本文所指的市场力量，非指作为社区单位、为履行社会责任而参与到社区治理体系中，开展社区活动的社区内企业，而是指直接服务于社区治理的专业机构）。但事实上，社区治理工作中很少有企业的参与，大家都把社区治理当成政治性、公益性很强的事，不会将这样的事交给企业，因为觉得它们是营利的。

随着社会的发展，仅有基本的公共服务是不能满足居民多样化需求的，即人民日益增长的美好生活需要和不平衡不充分的发展之间的矛盾日趋明显。以公共文化为例，读书看报等需求是基本需求，而读书会、绘本课程、家长学堂等就是提升型、专业化的服务，并非免费的公共服务的内容了。上海市静安区“创新社区治理”金点子50强中，涉及政府机制和优化管理的建议只有21项，剩下的29项都涉及发展型服务，如儿童青少年服务、微公益、微志愿、微集市、环保、宠物等。而这些项目都不是政府擅长的基本公共服务范畴。

随着技术的发展，社区治理现代化离不开市场力量。党的十九大报告中说，提高社会治理社会化、法治化、智能化、专业化水平，其中的智能化，反映在社区就是智慧社区建设；反映在社区安全，就是物联网、人脸识别等技术的引入，这些都是市场前沿，仅靠政府的购买也很难，成本很高。同时，政府的决策机制使政府采购的技术未必是最好的技术，甚至连解决方案也不一定是最优的。正如“最后一公里”交通问题，很多地方政府推动过城市单车项目，但体验极差，成本极高，而摩拜、ofo等市场力量的介入却提供了极佳的解决方案。社区治理也是如此，随着技术的快速迭代和成本下降，各类技术将落地社区，进一步影响社区治理的格局，例如，政府花大力气所铺设的网格化中心，引入人工智能技术后，肯定会解放一多半人，因为不需要那么多人值班盯屏幕，也不需要那么多人巡逻了，突发问题通过技术得到了更为智能和精准快速的解决。

随着社区的发展，现有的社会组织也是不够的，共建、共治、共享的社会治理格局需要市场力量的参与才更加完善，更有活力。从社会组织自身发展而言，过多依赖政府购买的现状没有改变，服务能力的迭代升级也基本没有实现。政府购买的“1”加争取社会力量支持的“1”从而提供更好的公共服务的情形也没有普遍出现。社会组织整合社会资源的能力、获得可持续收入升级服务模式、争取一流人才提供一流服务等方面仍然存在严重不足。而企业（尤其是社会企业）在这方面有先天优势，企业通过利益、股权合作、高薪等方式可以整合更多资源、更多人才，从而形成竞争优势。清华大学王名教授在《社会组织论纲》中说：“在跨部门的实践中，社会企业往往成为连接政府、企业和非营利组织的一种有效的中介，社会企业一般直接面对某些棘手的社会问题，需求导向性很强，而且利用市场机制和多领域的资源，又具有很强的公益意识和创新能力，在面对复杂的社会问题时，往往能够发挥其独特的优势和有效的作用。”

每一个了解社区治理现状的人都清楚，社区资源的碎片化是人所共知的痛点，是社区治理中最需要克服而又最难克服的顽症。一些基层干部提起来都深恶痛绝，而真正着手时却像面对一个刺猬。社区治理需要多方参与，而多方也非常碎片化，社区的需求、项目、空间、经费等都是碎片化的：需求碎片化，这很正常，社区只会越来越多元，人群细分，需求差异化，这是个客观事实，并且要在这一事实下工作；项目碎片化，即使政府内部也难以解决，科普的是科普的项目，民政的是民政的……这个居委的活动，那个居委的项目……相互不能打通，经验难以分享，成本居高不下；空间的碎片化，白领中心、睦邻点、课堂间等名目越来越多（当然这是好事），比如上海市闵行区“十三五”期间要建设100个邻里中心。公共空间越来越小，这成为一个趋势，比如城市书房，一个面积一两百平方米，但数量多，一个镇可以建十几个，可以在家门口享受服务。公共空间的碎片化只会越来越严重，再加上这些空间分属不同部门管理，整合利用这些空间成为很难完成的任务。此外，基层居、村活动室数量虽多，但颜值低，难以效利用，会使消极空间越来越多；经费管理碎片化，只要按部就班、不犯错误，上头怎么说就怎么用，效果就顾不上了。例如，“美丽乡村”建设把那么多的钱拿去刷了一些可能永远不再有年轻人回去的老村落的墙，是多大的浪费！如何更好地集约使用财政经费也成为当下更加值得关注的话题。

有些问题也许永远解决不了，但总有一些问题可以创新突破。在互联网创业的诸多领域，很多企业通过建设互联网平台，实现了资源信息化、供需对接平台化，解决了碎片化问题。

共建、共治、共享的社会治理格局，就是平台化格局；构建党委领导、政府负责、社会协同、公众参与、法治保障的社会治理体制，更需要平台化思维。王名教授在《社会组织论纲》中说：“在全球化和信息化时代，各种不确定因素，千变万化，社会问题的复杂性大大增强，环境、贫困、就业、教育、卫生、社区发展等诸多社会问题，不仅在领域上超越了传统公共服务的范畴，而且往往跨越不同部门，使得无论是单独依靠政府的力量也好，市场的力量也好，非营利组织的力量也好，都无法有效解决，加剧了面对这些社会问题的政府失灵、市场失灵、志愿失灵，并且这些所谓的‘失灵’往往平行发生，客观上提出了加强跨部门合作的必要性。”社区治理的创新也需要搭建平台，跨界合作，解决碎片化等问题。

社区治理创新呼唤更加专业的社区治理平台和社区治理专业运营机构。这样的平台机构，一定要有党的领导、政府管理，这是前提。这样的平台，一定要兼具公共意识、公益意识和市场意识，熟悉行政理念，具备社会化思维，熟悉市场化运作。这样的平台机构，还要靠社会近一点，离政府远一点，否则容易被体制吸纳，释放不出社区治理活力。

这两年来，这样的平台机构在全国各地不断涌现，但优秀的很少。有的没有互联网化，社会营销不够，政府不熟悉；有的整合资源能力不强，能力较差；有的离政府太远，需要一个被接受和认可的过程。多年来，一些平台机构恶性循环，离真正的大平台还有距离：在一地探索，积累经验，形成模式；积极在其他地方复制，快速扩张；人才匮乏，服务能级下降，再收缩。普遍遇到的困难：一是项目的可复制性有问题，不能处理好标准模式和本地特色的关系；二是项目的人才匮乏，社区治理需要社会工作者具备较强的沟通协商能力和整合资源能力，而培养更多这样的人才是最大挑战；三是社区治理资源的互联网平台化没有突破，不能打通线上与线下，没有体现出效率和竞争优势，互联网平台需要投入巨额经费，这些机构投不起。

我们从不排斥社区治理的地方化、个性化、多样性，但如果不解决规模化运营问题，社区治理的专业化将很难实现，低水平的、形式主义的、低效的、高成本的、不能创新迭代的服务仍将在较长时期、较大范围内继续。

因为，如果一个社区只购买一个机构开展的一个项目，一些问题将很难解决：①一个机构只开展一个项目，人才是不可能多的，视野是不可能广的，项目是难迭代的；②只开展一个项目，成本是高的，没机会摊薄；③一个机构只在一个地方做一个项目，资源是很难整合的。

以慈善超市为例，上海绝大多数都是街道自己运作，也有的委托社会组织（多是有街道背景的社会组织）运作，基本上都是一个街道一家，碎片化的。这就导致了慈善超市整体运营的低水平，颜值低，东西少而低端，变成了慈善募资发放中心；名为超市，不是超市，也没有市场，只有贫困居民来，其他居民不来买东西；高成本，一般要两个人以上运营，每月最多卖一两万元，严重亏损，只能靠政府补贴，如果再有房租，那更加陷于困窘。同样的慈善超市，以韩国美丽商店为例，它由一个律师于2002年创办，现在拥有120家分店，二手衣物累计达1000万件，年销售额达200亿韩元，为公益事业奉献达到40亿韩元。美丽商店坚持市场化运作，一开始还接受别人捐赠的门面，后来发现生意不好就还掉了，并且它坚持按照商业机构正常纳税。这样的一个经营项目，已经取得了非常好的公益效果。为什么美丽商店可以？因为它是规模化运营，供货、销售、存货等摊薄成本，实现了更大收益。

规模化自然带来专业化，规模上去了，就有了专业化空间：专业化的分工，专业化的人才。社区治理领域，能否也产生像电信运营商、电影院线运营商、酒店专业运营商等这样的专业运营者？笔者认为必会出现。

这两年，为什么社会企业兴起并成为关注热点，是有一定的社会发展基础的。笔者不就此进行价值观层面的讨论，只是把社会企业当作一种工具（解决手段）来看待。如果市场力量能够带来服务的升级，带来用户体验的优化，对于社区治理更有作用，为什么不探索一下呢？

公共空间的运维，是产生专业运营机构的蓝海。前面说到，政府的公共空间现在越来越多，并且能够运营的公共空间越来越多，这是个好的趋势。以前，大量的政府的公共空间不能运营，不能收费，收费老百姓要抗议。这样的现象正在改变，很多政府部门开始接受这样的改变，在向新加坡“邻里中心”（主要分布于政府组屋区内，为当地居民提供生活配套服务，其主要功能为完善的商业、服务、娱乐等生活配套，其实质是社区商业中心和公共空间）学习，类似模式的公共空间（如睦邻中心、综合活动中心）在上海越来越多，而这些空间是可以运营的。如上海市徐汇区启动建设 20 个“邻里汇”，可以引入便民理发、洗衣、亲子等便民服务项目。浦东新区新场镇在规划建设 8 个“邻里中心”，这些“邻里中心”中的一部分是可以市场化运营的。

很多白领公寓、工业园区等都有一定的公共空间，但普遍存在硬件越来越好，软件服务却跟不上的情况。白领们一回去就回到自己房间，下面有咖啡厅等公共空间也不用，因为没有人运营这些空间。建特色小镇，造硬件容易，但是特色小镇的内容谁来运营，公共服务由谁提供，活力从何而来，这更为重要。很多产业园区都很“高冷”，只有“产”没有“城”，软件的服务跟不上，正如张江高科技园区正在更新转型，将向“未来科技城”发展，这就需要很多“联结人与人”的专业运营机构的参与。而在营造社区关系上，有社区运作经验的人和机构是有很多参与机会的。

无论是公共空间还是社区商业空间，都在日益分布化、小型化，这些小空间的管理肯定会是创新方式，否则无法运营。要么在技术手段上创新，像无人值守的超市，要么在社区治理上创新，由当地的志愿者、社区达人来管理，方能降低成本。

公共空间的管理也将日益细化，越来越多的专业运营机构会产生，如专门运营图书馆、城市书房的机构，专门运营美术馆、博物馆，邻里中心、白领中心的机构。同时，运营模式创新将层出不穷，24 小时开放会成为众多空间的标配，生活方式的体验空间会越来越多，而且有颜值。这些公共的、公益的、有情怀的、可运营的空间，会吸引很多有钱、有闲、有情怀的居民（如全职妈妈，欲转型的创业成功者）参与其中。

社区服务领域也会涌现大量的专业运营商。今天，养老在大资本的追逐下，已经成为红海；社区养老不挣钱，也被众多养老企业提前布局，占跑道。我们看到，医疗、健康促进、助残等诸多领域，都在涌现这样的企业。这样的企业必然会在资本逐利、公共服务需求和公益情怀上纠结，一味地追逐利益将会使它没有明天，从“滴滴”专车的被政策关照就可见一斑。美国白宫健康政策顾问阿图·葛文德所写的《更好的告别》一书中讲到，美国的养老机构从100年前的救济院、疗养院，到后来的辅助生活机构，发展到今天的老年公寓、老年社区。中国走过的路也差不多，官办的敬老院、护理医院（社区护理站）、社区日间照料中心，以及市场化运营的老年公寓、老年社区，服务模式和美国都能对等起来。其实都是从提供基本的生活服务，到后来满足精神需求，满足文化需求，满足社交、社群等需求，是一个不断发展升级的过程。只谋利而不顾社会发展趋势的任何商业模式将在公共服务领域举步维艰，而兼顾商业算计和公益理念的社会企业将大行其道。

社区更新会涌现大量的专业性企业。当下的上海，大拆大建已经成为过去，城市更新时代已经来临。自2016年起，社区“微更新”在上海各区展开，大量的设计企业、建筑企业、咨询企业都参与其中，公共设施的更新、老旧公房装电梯、停车场改造等都成为重要商机。中国台湾地区的社区规划师，上海也已经开始探索。社区规划师更多的姓“社”，而一般的规划师则姓“设”（设计）。在这一轮更新中，社区参与成为必然选项，甚至没有居民的参与根本无法推进，如老旧公房装电梯。以往只是由政府官员、设计师确定建设方案的情况已经成为历史。传统的建设企业在这一轮的竞争中并无优势，因为它们不愿意，也不擅长和居民打交道，而更新中最难的已经不是设计，不是建筑，而是社区如何形成共识，大量有社会思维、社区营造能力的企业会成为受益者。

“互联网+社区治理”“大数据+社区治理”“人工智能+社区治理”中会涌现大企业。技术的发展会极大丰富社区治理的手段，改变社区治理的方式，社区治理的要素会重新洗牌，相关平台也会产生。政府各自为政、封闭式运作、行政化动员的机制、资源的碎片化等靠发文件解决不了的难题有望在新平台中解决。有了好的技术工具，资源整合、供需对接、海量覆盖等问题自然会解决。公共文化已经有了类似平台，上海探索的“文化云”，网上订票、订场地、搞活动等功能都可以实现了。要订这个文化中心的场地，几点到几点它是空闲的，网上可以看到，也方便预订，这种透明会逼着服务机构提高他们的服务能力。社区服务资源的平台也会产生，当下很多创业企业在进行这方面的探索，只是大多数互联网属性太强、商业属性太强，和政府的联系以及和社区治理的对接不顺畅。涉及提供公共服务的企业要有更强的社区意识、更优的社会思维，这是给这些创业企业的忠告。

（作者简介：闫加伟，社邻家创始人、社会创新实践者）

慈善动态

博学而笃志，切问而近思，仁在其中矣。

——《论语·子张》

民政部：巩固拓展脱贫攻坚兜底保障成果　有效衔接乡村振兴有关任务

民政部2020年12月26日召开全国民政工作视频会议，部署了2021年民政重点任务，强调巩固拓展脱贫攻坚兜底保障成果，保持社会救助兜底保障政策总体稳定，有效衔接乡村振兴有关任务。

会议明确了2021年民政工作总体思路——坚持稳中求进工作总基调，立足新发展阶段，坚持新发展理念，构建新发展格局，以推动高质量发展为主题，以改革创新为根本动力，以满足人民日益增长的美好生活需要为根本目的。

会议部署了2021年民政重点任务：

一、要巩固拓展脱贫攻坚兜底保障成果，保持社会救助兜底保障政策总体稳定，加强农村低收入人口监测，加强对特殊群体的救助保障，提升易地搬迁集中安置社区管理服务水平，有效衔接乡村振兴有关任务。

二、要健全社会救助和社会福利体系，推动建立各级未成年人保护工作领导协调机制，规范国内和涉外收养管理，推进困难残疾人照护服务。研究制定发挥第三次分配作用、促进慈善事业健康发展的指导意见，促进福彩事业持续健康发展。

三、要加强基本养老服务制度建设，健全居家社区养老支持政策，提高养老服务质量，加强养老服务专业人才队伍建设，统筹推进养老服务事业和产业协同发展。

四、要积极构建基层社会治理新格局，健全对社会组织的支持和监管政策，做好行业协会商会脱钩改革后续工作，规范行业协会商会涉企收费。

五、要深化专项行政和社会事务管理改革，优化行政区划设置，加强地名文化建设和遗产保护；健全基本殡葬服务制度；完善婚姻登记管理规范和信用体系，加强婚介行业事中事后监管，做好婚姻登记省内通办试点。

六、要统筹做好“十四五”各级各类民政发展规划编制工作，全面提升民政法治化、标准化、信息化和基础工作水平，多措并举提高基层服务能力。

七、要推进民政事业安全发展，完善民政领域重大风险防范化解措施，抓好常态化疫情防控和民政服务机构安全。

（来源：中新网，2020年12月27日）

我国城乡低保标准同比分别增长 7.7% 和 11.3%

全国民政工作会议 2020 年 12 月 26 日在北京召开，会议总结了 2020 年民政工作，研究部署 2021 年工作。记者从会上获悉，2020 年，我国城乡低保标准分别达到人均每月 665 元和每年 5842 元，同比增长 7.7% 和 11.3%。

会议指出，2020 年，脱贫攻坚兜底保障坚定有力，1936 万建档立卡贫困人口纳入救助保障范围。社会救助制度改革发展取得突破，城乡低保标准分别达到人均每月 665 元和每年 5842 元，同比增长 7.7% 和 11.3%。城乡特困人员基本生活标准分别达到人均每年 10775 元和 8230 元，同比增长 11.4% 和 12.8%。在 2020 年的社会救助兜底脱贫行动中，重点排查了 361 万贫困人口，新纳入兜底保障 109 万人。新纳入低保、特困供养 540.3 万人，为低保、特困人员增发生活补贴、价格补贴 258 亿元，对因疫情致困人员实施临时救助 693.7 万人次，为 6.1 万未参保失业人员发放一次性临时救助金。

2020 年，24.76 万事实无人抚养儿童首次纳入国家保障，集中养育孤儿和社会散居孤儿保障标准分别达到人均每月 1567.2 元和 1140 元，同比增长 6.6% 和 8.6%。残疾人生活补贴和护理补贴分别惠及 1152.9 万人、1432.7 万人。救助流浪乞讨人员 66.1 万人次，帮助 12989 人成功寻亲，17916 名长期滞留人员得到落户安置。

养老服务发展步伐加快，各类养老床位数达到 807.5 万张，同比增长 7%。城乡社区综合服务设施覆盖率分别达到 96.4% 和 83.7%，同比增长 17.7% 和 37.6%。注册志愿者达到 1.8 亿人，占居民人口比例超过 13%。

会议指出，在今年的新冠肺炎疫情防控中，广大社区工作者、社区居民、下沉干部、社会工作者、志愿者守严守牢社区防线，社区防控筑牢了坚强堡垒阵地。民政系统支持和引导社会力量投身抗疫战场，第一时间发动慈善力量有序开展社会捐赠，全国累计接收抗疫捐赠资金约 396.27 亿元，捐赠物资约 10.9 亿件。

（来源：《人民日报》，2020 年 12 月 27 日）

民政部对志愿服务记录证明作出规范

为了规范志愿服务记录和志愿服务记录证明出具工作，民政部近日出台《志愿服务记录与证明出具办法（试行）》（简称《办法》），并将于 2021 年 2 月 1 日起施行。

《办法》共27条，重点围绕志愿服务记录谁来记、记什么、如何记，志愿服务记录证明谁来出、出什么、如何出，以及相应监管措施进行了规定。

其中，对“志愿服务记录”与“志愿服务记录证明”的概念作出明确解释：志愿服务记录，是指志愿服务组织和依法开展志愿服务活动的其他组织通过志愿服务信息系统或者纸质载体等形式，记录志愿者参与志愿服务活动的有关信息。志愿服务记录证明，指志愿服务组织和依法开展志愿服务活动的其他组织依据志愿服务记录信息形成的、能够证明志愿者参加志愿服务有关情况的材料。

记者了解到，依据规定，志愿者参与的活动要同时具备两个条件才能生成志愿服务记录：一是志愿者参与的活动为志愿服务活动。只有志愿者自愿、无偿向社会或者他人提供的公益服务才属于志愿服务。有偿提供的服务、非公益性质的服务，以及捐钱捐物等非服务性质的公益行为均不属于志愿服务；二是志愿者参与的活动是由志愿服务组织或者依法开展志愿服务活动的其他组织开展的活动。

《办法》明确提出，可以开展志愿服务记录工作的组织包含三类：一是志愿服务组织；二是慈善组织、基层群众性自治组织、公益活动举办单位和公共服务机构；三是城乡社区、单位内部成立的开展志愿服务活动的团体。

对于记录志愿服务信息、出具志愿服务记录证明，《办法》要求上述三类组织遵循真实、准确、完整、无偿、及时五项原则。记录内容包括志愿者的姓名、联系方式、专业技能等个人基本信息，以及志愿者参与本组织志愿服务活动的相关情况，具体包括所参加志愿服务活动的名称、日期、地点、服务内容、服务时间、活动组织单位和活动负责人等。此外，志愿者若参加过志愿服务有关培训、获得志愿服务表彰奖励或有组织对其作出评价的，也应进行记录。

《办法》特别强调，志愿服务组织应妥善管理志愿服务记录信息，不得用于商业目的。民政部门须建立志愿服务信息记录和志愿服务记录证明抽查制度，重点检查志愿服务记录与证明的真实性、合法性，抽查结果向社会公开。

据民政部相关负责人介绍，制定《办法》主要基于三方面考虑：一是党中央、国务院高度重视志愿服务工作，并作出了专门部署。通过制定《办法》进一步规范志愿服务记录与证明出具工作，是落实中央要求、推进志愿服务制度化的重要举措；二是2017年公布施行的《志愿服务条例》对志愿服务记录与证明出具提出了明确要求。通过制定《办法》对工作进行规范，是推动《志愿服务条例》落到实处的必然要求；三是志愿服务记录与证明是对志愿者无私奉献的真实反映，是志愿服务的一项基础性工作，对保障志愿者和志愿服务组织等志愿服务活动参与者的合法权益、推进志愿服务事业发展具有积极促进作用。

（来源：《人民政协报》，2020 年 12 月 30 日）

2020 年度中华慈善总会圆梦中国行动项目共完成 6 所爱心书屋捐建工作

截至 2020 年 11 月底，中华慈善总会圆梦中国行动项目年度内共完成 6 所爱心书屋的捐建工作。

爱心书屋捐建工作是中华慈善总会圆梦中国行动项目创立和实施的重点，项目克服今年疫情防控的不利因素影响，积极行动，精心筹措，分别在浙江、贵州、云南、北京、河北、新疆各捐建一所爱心书屋。

爱心书屋严格按照每所书屋图书码洋 20 万元的标准，按各用书标准的不同，精心选配适合项目人群的图书，赢得项目使用人赞誉。

此外，2020 年新冠肺炎疫情暴发后，中华慈善总会圆梦中国行动项目还积极协助总会为武汉抗疫进行募捐，在中国银行全系统内进行捐款活动，共支付湖北省慈善总会善款 3800 余万元，为抗击疫情作出了积极的贡献。

（王志航）

北京：“时间银行”养老志愿服务项目开展试点

“时间银行”养老志愿服务项目目前已在北京市西城区大栅栏街道、朝阳区呼家楼北社区、怀柔区渤海镇六渡河村开展试点。该项目将通过建立一套反哺、鼓励的机制，实现志愿服务的可持续化发展，提升为老服务能力。

据了解，“时间银行”养老志愿服务项目以“公益时间储蓄”理念为基础，“存储”的是志愿者的服务时间。根据相关规则，志愿者将帮扶老人的服务时长存入“时间银行”，当自己有需要时，便可以“提取”这些服务时长，用来兑换相应的服务或者实物。2020 年，北京市老年志愿者协会在市民政局指导下开展“时间储蓄志愿服务体系建设”项目，目前已在本市的平房区、老旧小区和农村地区分别设立试点。

北京市老年志愿者协会秘书长马乃篪介绍，自2017年起，西城区大栅栏街道开始进行“时间银行”养老志愿服务试点工作。

2020年12月15日，朝阳区呼家楼北社区“时间银行”志愿服务站揭牌，并发布了“让爱敲门”志愿巡视帮扶服务项目。“让爱敲门”是由社区筛选出独居高龄、孤寡老人作为志愿帮扶对象，招募志愿者与帮扶对象结对，开展定期上门巡视服务，为独居老人的生活提供更多保障。参加该项目的志愿者将获得志愿服务时间积分，并根据提供服务的时长兑换相应回馈。

在农村地区，全市第一家农村“时间银行”志愿服务站也于2020年12月17日在怀柔区六渡河村揭牌。这家农村“时间银行”将依托六渡河村老年驿站、食堂、洗衣房等服务设施，拓展志愿服务岗位，鼓励志愿者从事为老服务。

据了解，“时间银行”通过探索时间储蓄志愿服务路径，建立常态化志愿服务体系，有助于推动公益活动的可持续发展，从而为社区减负，为社会增加服务人才。

马乃篪表示，对于既有养老需求，精力又比较充沛的低龄老人来说，“志愿养老”或可成为一种新的养老选择。

（来源：《北京晚报》，2020年12月22日，记者　王琪鹏）

河北：将调整省本级基本医保住院报销比例

2020年底，河北省医保局与省财政厅联合发布通知，从2021年1月1日起，将对省本级基本医疗保险定点医疗机构住院报销比例进行调整。其中，一级医疗机构报销比例提高了3个百分点，二级医疗机构报销比例提高了2个百分点，医保退休职工报销比例在此基础上再提高1个百分点，进一步减轻全省基层患者和老年患者的就医负担。

通知明确了住院起付标准。省本级基本医疗保险参保职工在一、二、三级医保定点医疗机构住院，住院起付标准分别为500元、650元、800元。职工一个年度内在同一级别医疗机构多次住院，且上次住院医疗费超过起付标准的，在所住医疗机构起付标准基础上依次降低20%，最低不低于200元。

河北省医保局介绍，在省本级基本医疗保险住院起付标准以上，医保统筹基金住院分段报销比例调整为，在职职工在一、二、三级定点医疗机构住院，统筹基金支付额3万元（含）以内的，政策范围内报销比例由原88%、86%、83%调整为91%、88%、83%；统筹基金支付额3万—7万元（含）段，政策范围内报销比例由原90%、88%、85%调整为93%、90%、85%；统筹基金支付额7万—20万元（含）段，政策范围内报销比例由原92%、90%、87%调整为95%、92%、87%，将进一步减轻基层患者的就医负担。以上各支付段，医保退休职工报销比例还将再提高1个百分点，老年患者就医将更加受益。通知还对异地住院报销比例进行了相应调整。

（来源：《河北日报》，2020年12月26日）

内蒙古：贫困人口饮水安全问题得到全面解决

记者2020年12月27日从内蒙古自治区水利厅获悉，近几年来，内蒙古农村牧区饮水安全工作聚焦脱贫攻坚，以解决贫困人口饮水安全问题为重点，大力实施饮水安全巩固提升工程，取得显著成效。按照现行标准，2020年全自治区贫困人口饮水安全问题得到全面解决。

内蒙古自治区水利厅副厅长赵长青表示，为持续巩固脱贫攻坚成果，不断消除饮水安全隐患，2019年、2020年内蒙古连续两年开展饮水安全保障大排查，对排查出的安全隐患和保障不扎实问题，建立整改台账，逐处落实解决措施。“十三五”期间，内蒙古共为18.3万贫困人口解决饮水安全问题，进一步提升了脱贫攻坚的成色质量。

据了解，“十三五”期间，全自治区累计投入饮水安全资金53.7亿元，共新建和改扩建集中供水工程1.5万处，新打水源井2.4万眼，建成牧区储水窖1万余处，安装净水设备16.8万套，新建、改造管网1.67万千米，农村牧区饮水安全巩固提升工程受益农牧民430万人，解决了18.3万贫困人口饮水安全问题，解决了75万人氟砷碘超标问题，基本完成饮水型地方病防治任务；巩固提升苦咸水改水工程389处，水质得到明显改善，受益人口10.3万人；自治区农村牧区集中供水率达到82%，其中，呼和浩特、包头、巴彦淖尔等盟（市）集中供水率超过90%。

目前，自治区各旗（县）均落实应急供水保障机制，集中供水工程全部定价，水费收缴率达到了95%，农村牧区供水“有人管、有钱管”的良性运行机制正在形成。内蒙古自治区水利厅农牧处处长高明堂表示，下一步，内蒙古将通过长效管护提升供水质量，建立长效运行管护机制，落实工程管护主体责任和养护经费，健全完善应急供水预案，不断提升农村牧区供水保障水平，实现巩固拓展脱贫攻坚成果同乡村振兴有效衔接。

（来源：新华社，2020 年 12 月 28 日，记者　恩浩）

上海：农村养老服务实现三级网络全覆盖

近日，上海市农村养老服务工作现场会在奉贤区召开。会议透露，《上海市农村地区养老服务美好生活 3 年行动计划（2018–2020 年）》目前已圆满完成，3 年来，上海农村养老服务取得新进展。副市长彭沉雷出席会议并讲话。

农村养老服务三级网络全部覆盖，形成了“镇（街）有院、片区有所、村（组）有点”的新格局。上海乡镇敬老院建设持续推进，涉农区 3 年间新增床位 19296 张，改造认知障碍照护床位 3492 张，两年完成薄弱机构改造的 3 年工作目标共计 133 家。涉农区建成具有平台功能的综合为老服务中心 224 家，长者照护之家、社区日间服务中心、老年人助餐服务场所建成 1419 个。涉农区建成示范睦邻点 1988 个和标准化老年活动室 3158 个。

农村养老服务能力稳步提升。上海继续推进在养老机构内设医疗机构，目前涉农区已设 207 家；农村养老服务机构与医疗机构普遍签约；积极吸引农村本地富余劳动力从事养老服务工作，全面开展养老护理员职业技能培训，涉农区养老护理员持证率达到 96%，且持行业水平评价证书的比例超过全市平均水平，达到 82%；涉农区普遍建立区级养老服务平台，注重科技赋能，加强信息技术在养老服务领域的融合渗透；各区加大培育本土专业组织开展养老服务，并引导中心城区专业化水平较高的养老服务机构到农村地区落地生根。

农村养老服务发展环境日益完善。市政府实事项目将养老床位、社区助餐、日托等建设指标集中于郊区，着力弥补郊区设施总量的不足；全市近年来农村养老服务建设及项目资金占到年度总资金的 60% 以上，农村养老服务发展成效列入区政府的年度绩效考核，并作为市社会养老服务体系建设年度评估的重要内容；全面落实普惠性老年综合津贴制度，涉农区受益老年人占 57%；完善城乡保障待遇统一的养老服务补贴制度，2019 年补贴标准增幅达到 28%，目前涉农区补贴对象人数占比超过 90%；从 2018 年起，全面开展长期护理保险试点，农村居民医保对象与城镇职工医保对象同等待遇。

（来源：《中国社会报》，2020 年 12 月 24 日，记者　张俊）

浙江："十三五"期间对口帮扶 4 省 80 个贫困县脱贫摘帽

记者 2020 年 12 月 16 日从浙江省发展改革委了解到，"十三五"期间浙江持续加大东西部扶贫协作力度，该省对口帮扶的四川、贵州、湖北、吉林 4 省 80 个贫困县全部实现脱贫摘帽。

党的十八大以来，浙江累计向对口帮扶的四川、贵州、湖北、吉林 4 省投入财政帮扶资金 115.22 亿元，动员社会力量捐款赠物 32.1 亿元。累计选派 244 名党政干部、9402 名专业技术人才到对口帮扶地区挂职开展扶贫协作工作，并组织协调 1852 家企业到对口帮扶地区投资兴业，实际到位投资达 964 亿元。

为提升对口帮扶地区"造血"功能，2020 年浙江共协调引导 711 家企业在对口帮扶地区投资兴业，实际到位投资 423.07 亿元，带动贫困人口 182126 人。该省与对口帮扶地区共建产业园区、"飞地"产业园 81 个，引导入驻企业 534 家，并在对口帮扶地区援建扶贫车间 866 个。

"在对口帮扶中我们以民营企业为主体，发挥浙商群体优势，解决对口地区义务教育、基本医疗等方面的突出制约问题。"浙江省发改委对口帮扶处负责人介绍，2020 年该省共有 306 家民营企业和社会组织参与 109 个挂牌督战村的结对帮扶工作，到位帮扶资金（含捐赠物资）8264.21 万元，帮助贫困人口就业 3394 人，购买和帮助销售扶贫产品 379.63 万元。

在消费扶贫方面，浙江举办形式多样的消费扶贫产销对接和消费扶贫月活动，2020 年完成消费扶贫金额 221.7 亿元。

为克服疫情影响，浙江通过劳务协作、就业补贴等扶持政策，帮助中西部 22 省 213.67 万建档立卡贫困人口在浙实现就业。

（来源：中国新闻网，2020 年 12 月 18 日，记者　郭其钰）

安徽：扶贫小额信贷累计服务 101.4 万贫困户

记者从 2020 年 12 月 16 日召开的"美好安徽'十三五'成就巡礼"系列新闻

发布会上获悉，“十三五”以来，安徽省金融系统创新金融服务产品、推进金融精准扶贫，其中全省扶贫小额信贷累计投放382.9亿元、累计服务101.4万贫困户。

据安徽省地方金融监管局局长何昌顺介绍，在金融扶贫工程方面，安徽省强化扶贫产业信贷支持，积极推广户贷户用自我发展、户贷户用合伙发展、户贷社管合作发展、户贷社管合营发展等“一自三合”扶贫小额信贷模式。“十三五”以来，安徽省扶贫小额信贷累计投放382.9亿元、累计服务101.4万贫困户。截至今年9月末，安徽省产业精准扶贫贷款余额1146.8亿元，同比增长29.4%，高于各项贷款平均增速13.01个百分点。

此外，安徽省还加大贫困地区信贷投放力度，发挥融资担保增信和保险保障作用。截至今年10月末，安徽省有扶贫开发任务的县域贷款余额14516.48亿元，较“十三五”初增长142.97%。安徽省扶贫开发县域共有政府性融资担保机构79家，扶贫开发县域融资担保在保余额763.6亿元，为2.99万户小微企业、“三农”融资提供服务。

（来源：新华社，2020年12月19日）

河南：2451个乡镇街道建临时救助备用金制度

2020年12月27日，从河南省民政厅传来一则暖心消息：全省2451个乡镇（街道）全面建立临时救助备用金制度，共筹集临时救助备用金1.6亿元，对受到灾害影响、导致基本生活出现困难的家庭和个人，按照“先行救助”有关政策规定，直接实施临时救助。对于因灾致贫返贫或者存在致贫返贫风险的受灾群众，符合条件的及时给予临时救助或纳入相应低保等救助范围。

临时救助是保障困难群众基本生活权益的兜底性制度安排，是解决困难群众突发性、紧迫性、临时性基本生活困难的重要举措。乡镇（街道）临时救助备用金主要用于对乡镇（街道）辖区内遭遇突发事件、意外伤害、重特大疾病或其他特殊原因导致基本生活陷入困境，其他社会救助制度暂时无法覆盖或救助之后基本生活暂时仍有严重困难的急难型、支出型及其他困难家庭或个人，及时给予应急性、过渡性救助。

河南省民政厅相关负责人介绍，为有效保障寒冬时节城乡困难群众基本生活，我省已提前下拨2021年困难群众救助补助资金75.9亿元。全省各级民政部门将配合相关部门做好灾害期间民政服务对象和民政服务机构防灾避险工作，以及受灾地区群众基本生活保障和灾后农房恢复重建工作，重点帮助受灾地区低保对象、分散供养特困人员、散居孤儿、留守老人、留守儿童及残疾人等特殊群体解决实际困难，确保他们温暖过冬。

（来源：央广网，2020 年 12 月 28 日，记者　卢松）

湖北："十三五"期间 190 多万贫困人口住进安居房

"十三五"期间，湖北省共 190 多万贫困人口，通过农村危房改造、易地扶贫搬迁，实现住房安全有保障。

农村危房改造是解决贫困人口住房安全有保障的重要途径，是落实脱贫攻坚"两不愁三保障"的主要内容。2016 年以来，阳新县完成农村建档立卡贫困户、低保户、农村分散供养特困人员和贫困残疾人家庭等四类重点对象危房改造 5045 户，受益 17153 人，其中完成建档立卡贫困户危房改造有 4952 户、受益 16837 人。湖北省住建厅介绍，"十三五"期间全省完成建档立卡贫困户农村危房改造 36.7 万户，惠及 104.8 万贫困人口。

易地扶贫搬迁是打赢脱贫攻坚战的"头号战役"和"标志性工程"。2020 年 11 月 26 日，湖北省政府新闻办举行全省易地扶贫搬迁新闻发布会，省发改委相关负责人宣布：全省全面完成"十三五"时期易地扶贫搬迁任务，31.84 万户 88.23 万群众已全部易地搬迁入住，搬迁人口全部脱贫。湖北省易地扶贫搬迁人口约占全国总搬迁数量的十分之一，规模居中部第一、全国第五。

5 年来，湖北省建成易地扶贫搬迁集中安置点 10359 个。十堰市郧阳区杨溪铺镇青龙泉社区是全省最大安置点，安置 4155 户、1.5 多万人。为解决当地群众创业就业难题，确保"搬得出、稳得住"，郧阳区投资建设 2000 多亩"香菇小镇"。

湖北省财政厅介绍，5 年来省财政支持美丽乡村建设 1640 个试点村，发放补贴资金近 50 亿元。由此，一大批贫困村不仅变富了，而且变美了，居住质量显著提升，农村人居环境明显改善，贫困群众的获得感、幸福感、安全感进一步增强。

（来源：《湖北日报》，2020 年 12 月 24 日）

湖南：开展“寒冬送温暖”专项救助行动

为切实保障生活无着流浪乞讨等特殊对象基本生活，确保他们安全过冬，湖南省民政厅近日下发《关于开展“寒冬送温暖”专项救助行动的通知》（以下简称《通知》），在全省范围内开展“寒冬送温暖”专项救助行动。

《通知》要求各级民政部门高度重视寒冬救助工作，建立完善部门联动和快速响应救助工作机制，确保生活无着流浪乞讨人员以及陷入困境、居无定所、流落街头的生活无着人员及时得到救助服务。要组织开展街面集中救助行动，扩大巡查频率和覆盖范围，重点做好夜间巡查工作；提前购置物资、部署人员、调度车辆，建立突发事件应急响应机制；要广泛引导、动员社会组织、社会工作服务机构、公益慈善组织和志愿团队参与生活无着流浪、乞讨人员的主动救助。

《通知》要求全省各级民政部门会同公安、城管、卫生等部门，组成专项行动领导小组，开展联合巡查救助。组织人员到重点区域、针对重点人群开展地毯式摸排，特别是生活无着流浪、乞讨人员可能露宿的在建工地、城乡接合部、桥梁涵洞等地，通过提高巡查频次密度、增设救助引导标志、发放救助宣传资料等方式，提供人性化、个性化救助服务。截至12月14日，全省“寒冬送温暖”专项救助行动已救助流浪乞讨人员7000余人次，没有发生流浪乞讨人员冻死冻伤情况。

（来源：湖南省人民政府门户网站，2020年12月16日
作者　陈勇　杨佳俊　邓文艳　刘明明）

广东：9部门联合发文推进老年人居家适老化改造

日前，广东省民政厅、省发展改革委、省财政厅、省住房和城乡建设厅、省卫生健康委、省扶贫办、省残联、省老龄办、广东银保监局9部门联合印发《关于做好老年人居家适老化改造工作的通知》（以下简称《通知》）。

《通知》明确了两个阶段的目标任务，2020年年底前，采取政府补贴等方式，对民政部等九部委印发的《关于加快实施老年人居家适老化改造工程的指导意见》规定纳入分散供养特困人员和建档立卡贫困人口范围的高龄、失能、残疾老年人（统称“特殊困难老年人”）家庭启动实施居家适老化改造工作；“十四五”期间，

继续实施特殊困难老年人家庭适老化改造，有条件的地方可将改造对象范围扩大到城乡低保对象中的高龄、失能、残疾老年人家庭等。

《通知》列出了居家适老化改造项目建议清单，涵盖了地面、门、卧室、如厕洗浴设备、厨房设备、物理环境以及老年用品配置七类30项改造内容；并指导各地立足本地实际，进一步摸清政府支持保障的特殊困难老年人家庭改造需求，丰富并优化本地居家适老化改造项目类别及具体内容，形成符合当地老年人需求的改造清单，合理确定每户特殊困难老年人家庭适老化改造的资助标准。

记者留意到，30项改造项目类型分为7项基础类项目和23项可选类项目。基础类项目是政府对特殊困难老年人家庭予以补助支持的改造项目和老年用品，是改造和配置的基本内容；可选类项目是根据老年人家庭意愿，供自主付费购买的适老化改造项目和老年用品。

（来源：金羊网，2020年12月12日）

广西：强化留守儿童和困境儿童监护

近日，记者从2020年广西壮族自治区农村留守儿童关爱保护和困境儿童保障工作厅际联席（扩大）会上获悉，2020年以来，自治区厅际联席会议各成员单位、各级有关部门各司其职、通力协作，进一步强化对农村留守儿童和困境儿童的合力监护，确保对符合条件的困境儿童做到应保尽保、应兜尽兜、应救尽救。

基本生活保障水平不断提高。据介绍，2020年广西14个设区市普遍提高了孤儿、艾滋病病毒感染儿童和事实无人抚养儿童基本生活养育标准和补助标准100元至200元不等；对符合条件的困境儿童做到应保尽保、应兜尽兜、应救尽救，自治区1.49万名困境儿童纳入事实无人抚养儿童保障范围。疫情期间，自治区民政儿童福利领域实现1.17万名孤弃儿童、艾滋病病毒感染儿童新冠肺炎“零感染”。

医疗、教育、住房保障政策不断完善。广西深入落实城乡困难群众医疗救助制度，孤儿、事实无人抚养儿童列入一类救助对象予以医疗救助；自治区义务教育巩固率预计达到96%以上，适龄残疾儿童义务教育毛入学率达到99.8%，控辍保学实现“动态清零”；自治区7.8万户4类重点对象（建档立卡贫困户、低保户、农村分散供养特困人员、贫困残疾人家庭）危房改造任务提前完成，符合条件的农村留守儿童和困境儿童家庭实现住房安全有保障。

此外，广西“合力监护、相伴成长”专项行动持续深化，打击治理性侵害未成年人违法犯罪专项行动取得积极进展，快捕快审快诉一批侵害农村留守儿童和困境儿童合法权益的重大案件。各地常态化开展青少年法治宣传教育活动，积极打造各具特色的儿童关爱服务平台和服务项目，加大农村留守儿童和困境儿童父母就业帮扶和职业培训力度。

（来源：《广西日报》，2020 年 12 月 19 日）

贵州：新增 1.4 万余公益岗位用于强化地灾防治工作

记者从贵州省自然资源厅获悉，2020 年以来，贵州在原安排 11082 名地质灾害隐患监测员的基础上，新开发设置 14328 个地质灾害巡察公益岗位，负责地灾隐患点动态变化现场核实，以进一步强化地灾综合防治工作。

据了解，这批新开发设置的公益岗位，每个岗位每年补助 5000 元，共安排资金 7164 万元。为确保地质灾害巡察公益岗落实到位，贵州省自然资源厅成立了工作专班，指导各地巡察公益岗设置、人员落地落实、聘用合同签订和补助发放等工作。

据贵州省自然资源厅介绍，截至 2020 年 11 月底，今年贵州全省成功避让地质灾害 33 起，避免人员伤亡 3761 人，避免直接经济损失 1.13 亿元，有效处置发生的地质灾害险情共 451 起。

（来源：新华社，2020 年 12 月 20 日，记者　齐健　李凡）

甘肃：为近 16 万名乡村教师落实生活补助 15 亿元

记者近日从甘肃省教育厅获悉，2015 年至 2020 年，中央和甘肃下达乡村教师生活补助奖补资金 15 亿元，近 16 万名乡村教师受益。

甘肃省教育厅教师工作处介绍，甘肃省全面落实乡村教师生活补助政策，在国家实施集中连片特困县乡村义务教育学校教师生活补助政策的基础上，进一步扩展政策覆盖范围，实施对象由乡村义务教育学校教师扩展到乡村幼儿园教师，补助标准和补助资金总额逐年提高。

2019年起，甘肃省再次提高乡村教师生活补助金额，将人均月补助标准提高至不低于400元。各县（区）根据乡村教师工作生活条件等因素确定补助标准，合理设置补助档次，部分县（区）最偏远、条件最艰苦的乡村学校，教师月补助标准超过1000元。

（来源：新华社，2020年12月26日）

西安：大数据平台助力防止返贫帮扶机制

记者12月16日从陕西省西安市扶贫开发办公室获悉，西安市利用大数据平台建立防止返贫监测和帮扶机制，截至目前，全市脱贫不稳定户和边缘易致贫户的帮扶措施已经全部落实到位，今年无返贫和新致贫情况发生。

2019年4月，西安市启用了大数据监测平台，对全市脱贫不稳定户和边缘易致贫户进行动态监测，并根据预警结果，采取针对性帮扶措施，确保脱贫路上不漏一人。目前，全市脱贫不稳定户517户、边缘易致贫户373户、脱贫稳定户61079户、兜底保障户6886户都已纳入大数据平台，实现实时动态监测。

据介绍，大数据平台经过市县两级医保、教育、住房、公安等部门提供的数据，进行横向研判比对后，锁定重点帮扶对象，监测指标包括新增产业、就业、教育、金融等九大类。

扶贫部门每月对重点监测对象实行摸排走访，及时标注帮扶需求；行业部门根据帮扶需求推进帮扶，并在平台中标注落实情况。平台监测功能随时了解帮扶需求落实情况，确保从摸清需求到解决需求的全过程监测。

目前，西安市517户脱贫不稳定户和373户边缘易致贫户的3400多项帮扶措施已经全部落实到位，在大数据平台的帮助下，2020年西安市无返贫和新致贫情况发生，脱贫不稳定户和边缘易致贫户返贫致贫风险也基本消除。

（来源：新华社，2020年12月18日，记者　李华）

宁波“顺其自然”连续22年累计捐款达1258万元

2020年11月27日上午，邮政储蓄银行的工作人员专门给浙江省宁波市慈善总会送来了一封厚厚的挂号信，这封信的署名是“然然”，落款地址则是不存在的宁波市中山路1号。

“看到熟悉的白信封和娟秀的字迹，我们估计是‘顺其自然’又来捐款了，于是我们专程送来，以表达对他（她）和所有其他隐名捐赠群体的致敬。”邮政储蓄银行的工作人员激动地说道。

在众人的关注下，宁波慈善总会陈云金会长拆开了信封，映入眼帘的果然是一叠厚厚的汇款单，共105张，其中103张是9999元，1张50元，1张53元，累计103万元！善款分别从中国邮政储蓄银行宁波分行以及宁波海曙区邮政大厦营业所寄出。

这是一份温暖的约定。从1999年起，“顺其自然”坚持每年向市慈善总会捐款，2020年已是第22次，累计金额达1258万元。近几年，她（他）的捐款有几个特点，一是从“顺其自然”四个字中随机选择两个字作为捐款人名；二是落款地址都是不存在的；三是每张汇款单都不超过1万元（达到1万元需要署上真名）；四是都在每年的11月底12月初汇出，然后单据邮寄至市慈善总会。

行善贵在持之以恒，“顺其自然”连续22年向市慈善总会捐款，早已成为爱心宁波的“金名片”。在他（她）的影响下，隐名捐款在宁波成为一种风尚，形成了一个特殊的爱心群体，总额超过5000万元。就在11月初，一名隐名爱心人士通过宁波慈善网捐款50万元，用于14个慈善项目的开展；而在前天，又一位化名“圆木”的爱心人士隐名捐赠14.3万元，用于一位大学生母亲的白血病救助。

坏事不做，好事不说，这是“顺其自然”的心愿，助学则是他（她）的主要资助方向。20多年来，市慈善总会一直遵循着他（她）的要求，坚持将善款用于助学、教育方向，并通过各类媒体对每一笔善款的使用进行公布。

（宁波市慈善总会　高鹏）

互联网慈善成为大连慈善新常态

1天、2天、3天……，1元、1元、1元……36岁的山姆店员婷婷，自2020年1月28日关注辽宁省大连市慈善总会微信公众号以来，270余天，每天通过“日行一善”打卡捐赠善款，奉献爱心，快乐自己。自大连市慈善总会（大连慈善基金会）官网和官微升级改造以来，网络捐赠粉丝持续增长。

为广泛动员社会力量参与慈善，汇聚慈善资源，救助更多困难群体，大连市慈善总会不断创新募捐方式，推出五类慈善公益基金，为不同群体的捐赠者奉献爱心提供了更多选择，五类慈善公益基金分别是针对捐赠规模100万元以上善款的“亿元基金”，针对捐赠10万—100万元善款的“专项基金”和“小微基金”，针对家庭、个人单只规模达到或超过1万元的“个人万元基金”以及捐赠及规模数额不限的“微善基金”。爱心人士和爱心企业通过关注微信公众号，借助手机即可完成捐赠，并可在线上实时查看个人捐建基金的使用情况、慈善项目进展、捐赠信息等内容，每一笔项目善款的捐赠、拨付都可追溯。

（大连市慈善总会宣传部副部长　苗慧）

昆山：探索“慈善自助”新模式　困难群众凭身份证可领冬衣

天气越来越冷，摆满各种慈善捐助物品的江苏省昆山市慈善捐助义卖中心却暖意融融。一位衣着单薄的残疾人推门走进来，拿出身份证向工作人员说明情况后，便领到一件崭新的羽绒外套。“听朋友说有这个活动，过来试试看，没想到是真的。”他试了又试，觉得贴身又暖和。

慈善是社会保障体系的重要补充，也是城市文明进步的标尺之一。“寒冷的冬日中，面对一件动辄数百元的冬衣，许多困难群众有些舍不得买。”昆山市慈善总会相关负责人表示，昆山着力发挥慈善“细致末梢”的补充作用，探索“慈善自助”模式，面向昆山低保、低保边缘、低收入家庭以及残疾人、流浪者等困难人群赠送冬衣，并实行“信用承诺”制，只需简单登记，便可直接领取。

作为“慈善综合体”，昆山市慈善捐助义卖中心集慈善物资受理、物资售卖变现、义卖活动承办、爱心产品加工等于一体，通过“一捐一制一卖一赠”的方式，首次在昆山建立了一条完整的“爱心生产线”，在为昆山市民搭建爱心奉献平台的同时，也着力打造出一个开放式的爱心流通载体。所赠冬衣均为一些爱心服装生产企业捐献的库存产品，涵盖羽绒服、棉呢大衣、棉裤等多个类型，中心还可根据领取人需求，另外为其配置袜子、鞋等所需衣物，让其充分感受到社会的关怀和城市的温暖。

2016年，昆山市还推出“旧衣新旅”项目，通过上门定点方式，接收市民八九成新的旧衣。经过专业清洗消毒后，这些旧衣被以义卖、改造创新和直接捐赠等方式进行消化处理，在满足昆山以及昆山对口帮扶的贵州省铜仁市碧江区、新疆阿图什市困难群众衣物需求的同时，实现环保再利用。多年来，项目累计开展活动677次，募集衣物64万余件，市民参与近20万人次，惠及群众5.2万余人次。

（来源：《苏州日报》，2020年12月17日，记者 占长孙）

集纳多部门社会救助数据，温州平阳建成返贫监测自动预警系统

2020年12月14日早上9时许，浙江省温州市平阳县昆阳镇练川村的余恩（化名）刚吃过早饭，就听到手机“叮”地一响。打开一看，是银行发来的信息：卡内分别入账814元和8040元两笔钱。

没过多久，乡镇民政专员朱毅带着刚办好的低保证上门了：“老余，你的低保证我给你送来了。”余恩赶忙问：“早上到账的钱是什么情况？”朱毅笑着解释：“你还记得前一阵，我来给你办低保的事吗？814元就是这个月的低保金，而8000多元是系统监测到你的医疗支出费用高，主动给你申请的临时救助金。”

原来，身为家庭顶梁柱的余恩不久前被检查出患有尿毒症。尽管有医保，但每个月他仍需承担4000多元的医疗费用。正当余恩一筹莫展之际，朱毅主动上门。“县里的返贫监测预警系统发现，最近几个月，你有大额的医疗费用支出，我来看看是不是需要帮忙。”朱毅说。听完余恩的情况后，第二天，朱毅就帮他办理了低保申请，系统还自动将信息发送至相关部门，为余恩申请医疗救助、临时救助等符合条件的救助项目。

余恩的困境得到缓解，得益于平阳建成的返贫监测自动预警系统。“我们在工作走访中发现，许多低保、低边户都是因突然得病或者家庭意外等，导致家庭困难，存在致贫风险，而他们大多数人并不知道如何申请低保、低边救助。”平阳县民政局副局长兰江旭说。

据悉，该预警系统集纳了该县民政、医保、住建、教育等10个部门的社会救助数据，自动收集因病个人自付医疗费2万元以上、新办残疾人证、家庭主要劳动力死亡、因学享受慈善救助和因灾（或因疫）受助等关键信息数据，经精准比对排查后，一旦发现有致贫风险的困难群众，系统会实时触发预警响应，并将有关信息自动推送至各乡镇，由民政专员入户走访核实并录入系统。

随后，系统会将信息自动推送至各社会救助有关部门，帮群众申请办理包括临时救助、物价补贴等在内的21项社会救助，全过程实现群众困难提前预警、部门救助主动跟进，有效避免群众返贫。数据显示，2020年以来，平阳全县范围内已排查疑似困难对象9465户共19546人，将核实认定的1970户共2566人纳入救助。

（来源：《浙江日报》，2020年12月15日）

乐陵："1+N"服务型大救助体系让救助更精准

"没有政府和社会的帮扶，我们这个家真要垮了！"家住山东德州乐陵市朱集镇王双志村的卢志新两年前患尿毒症，每月1000多元的药物维持治疗，两名上学的孩子照顾不上，全家四口人全靠他妻子邢纳纳在北京打工养活，生活异常艰难。新任村级民生民政协理员王英了解情况后，立即把实际困难反馈到"德救助"平台。

"按照传统的救助模式，我们帮助卢志新家庭及时办理了低保、医疗临时救助等多项社会救助，兜底保障了他们的基本生活，但现实情况摆在眼前：他们的获得感、幸福感并不强。"乐陵市民政局党组书记、局长刘恩和坦言："这也迫使我们必须创新思路，探索更为精准、多元的大救助模式。"

"救助者需要什么，我们就提供什么。"乐陵市从找准最需要帮扶的人，抓住困难群体最需要帮助的事入手，针对困难群体差异化的特点和个性化的需求，积极推进社会救助由单一物质救助向"物质＋服务"模式转变，率先探索构建"1+N"服务型大救助体系。

"1"即以城乡最低生活保障兜底物质救助为主，叠加政策引导、生活照料、精神慰藉、心理疏导、能力提升、就业帮扶等N类服务救助，通过精准化、多元化、项目化、品牌化的社会救助服务，有效增强救助对象的获得感和幸福感。

眼下，得益于"1+N"服务型大救助，卢志新家已逐步从困境中走出。根据该家庭的实际情况，卢志新家共享受5项服务救助，根据"一户一档一策"，乐陵市一名民政干部与卢志新家庭结对帮扶，每月进行访视慰问；通过与家庭医生签约，镇卫生院医护人员每月定期上门为其检查其身体状况；两个孩子每天放学后，还都由王双志村365暖留中心托管，志愿者辅导作业。

构建"1+N"服务型大救助体系，如何让救助服务更精准、更便捷？乐陵市以大数据平台为支撑，以365暖留工程为依托，着力构建“全面覆盖、部门联动、社会参与、平台支撑、数据共享”的社会大救助体系，变分散受理为集中受理、群众跑腿为数据跑路、单一救助为综合救助。

全市建起市乡村三级社会大救助网络，将民政、扶贫、教体、医保等19个部门41项救助职能全部进驻市社会大救助中心，在全市各乡镇、村居都设立救助网点，配备乡镇（街道）专职工作人员108人，村级民生民政协理员1055人，真正让群众享受到就近申办、全城通办、多点可办、少跑快办的高效便捷救助服务。

目前，全市建成村级365暖留中心971处，建起幸福驿站42处，就业示范点251处，共开展健康义诊520多场次，技能培训350余次，使22950名留守人员、31000余名困难群众温暖受益。

（来源：新华社，2020年12月11日，记者　贾鹏　张思晓）

珠江医院：失聪儿童可申请“寻声者”公益救助

目前，人工耳蜗手术是治疗感音神经性耳聋的最佳手段，但由于治疗费用昂贵，不少低收入家庭难以承担，导致病人无法得到及时的救治。

2020年12月19日，南方医科大学珠江医院联合广东公益恤孤助学促进会设立的“寻声者”公益救助项目正式发布，将帮助低收入家庭的青少年儿童听障患者提供治疗费用，符合救助条件的患者通过申请，可获得3万元的资助。

记者了解到，首批启动资金为58万元，主要为了帮助贫困的听障患者特别是低收入家庭的未成年听障患者治疗耳聋、重建听力，同时也通过此平台，募集社会爱心资源，进一步传播爱心与善行。本项目的救助对象为需要接受人工耳蜗植入的重度及以上感音神经性聋儿童和青少年，每个申请者可获得3万元资助，资助主要用于患者治疗期间人工耳蜗植入手术费用，珠江医院将全力提供诊疗技术支持。

我国每1000个新生儿就有1个是听障儿童，仅广东省每年新增听障儿童就超过2000人，其中超过一半是重度耳聋。2018年6月，一名14岁的少年在南方医科大学珠江医院耳科主任张宏征与朋友的资助下，顺利接受了人工耳蜗植入手术，重新听到世界的声音。此前，张宏征主任还组建了一支“寻声者”乐队，用新颖的方式进行科普宣教，发起的"'寻声者'蜗友联谊会"，吸引了100多名人工耳蜗植入者和家属参加，还自主研发了一款APP，让听障患儿在家就能学音乐。张宏征表示，希望能有更多的听障人士，能够通过专业的指导和救助，重新回归有声世界。

（来源：《新快报》，2020年12月21日，记者　黎秋玲　韩羽柔）

慈善影像

信近于义，言可复也。恭近于礼，远耻辱也。因不失其亲，亦可宗也。

——《论语·学而》

聚焦社会养老　助力慈善救助
——“德胜论坛”第三期落幕

2020年12月5日，定位于“引领、驱动、治理、惠及”，以“社会养老、慈善救助”为核心的“德胜论坛”第三期在中国工程院举行。本期论坛由北京市西城区科协和德胜街道主办，内容聚焦社会养老与慈善救助。

论坛中，中国老龄产业协会专家委员会主任张恺悌、中民社会救助研究院执行院长宋宗合、西城区医学会秘书长张莉莉等来自政府、企业、医学等多个行业的大咖齐聚，围绕社会养老及慈善救助工作讲解最前沿的研究成果，为促进社会养老和慈善救助事业发展提供有益借鉴。

德胜街道位于北京市西城区的东北端，辖区面积4.14平方公里，辖20个社区，常住人口14万人，老年人口约3.6万人。为助力辖区养老事业发展的大局中，德胜街道以为老服务为重心，坚持普惠性、公益性，目前，已建成两个养老照料中心和5个社区养老服务驿站。据相关负责人介绍，德胜街道现已全面完成养老机构布局，居住在德胜的老人除了可以享受到机构养老服务外，还可享受的助餐、助洁、助浴、助医、助急、助行等居家养老服务。此外，街道签约优质服务商，每年为低保老人送温暖，定期义务为高龄老人上门理发，等等，关注每一位老人，使每一位老人都能拥有满满的幸福感。

“德胜论坛”以“助力企业复工达产，推动区域经济发展”为2020年度主题，数十位国内政、产、学、研、经界知名人士齐聚德胜，交流研讨，共议前沿科技和未来产业发展趋势，共商加强创新合作之道，共享扩大开放创新成果。此外，辖区单位中国电投等205家大型企业，为德胜论坛出谋划策。除了吸引商会会员企业积极参与，德胜商会还积极调研地区200余家中央企业的需求，结合中关村地区近400家上市公司和600余家优质新三板企业的需求，为企业发展提供有价值的服务。

“德胜论坛”以“助力企业复工达产，推动区域经济发展”为2020年度主题，数十位国内政、产、学、研、经界知名人士齐聚德胜，交流研讨，互学互鉴，共议前沿科技和未来产业发展趋势，共商加强创新合作之道，共享开放创新成果

中国老龄产业协会专家委员会主任张恺悌以《再塑孝亲理念，让老年人生活更有尊严》为题，阐发了孝亲理念以及如何让老年人生活更有尊严和质量

中民社会救助研究院执行院长宋宗合聚焦困境人群的帮扶，阐述了《困境人群精准救助理念及应用》

中华慈善总会筹募部部长兼专家委员会秘书长刘芳以《慈善——你我共同的事业》为题，阐述了我们为什么需要慈善和做慈善的意义

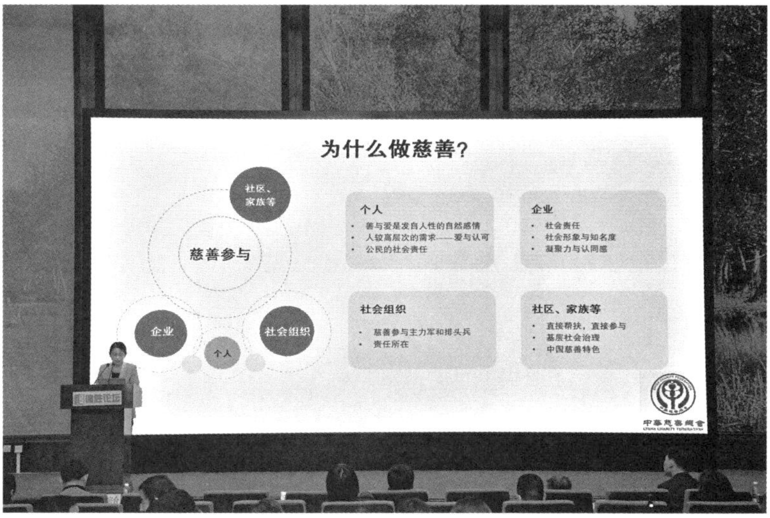

北京市西城区医学会秘书长张莉莉以《高擎公益旗帜　讲好健康养老的西城故事》为题，讲述了公益路上助力健康养老的西城故事

北京恒华龙信数据科技有限公司大数据产品经理田明伟以《德胜卡——居家生活服务新模式》为题，发表了主题演讲

山东幸福盛地养老产业管理有限公司总经理崔荣英以《中盛幸福连锁养老一体三面之融合发展模式探索》为题，发表了主题演讲

湖南明天集团总监助理张宇帆以《共享养生，优居漫游》为题，发表了主题演讲

慈善人物

智者上善若水，海纳百川；仁者高山仰止，厚德载物。

——孔　子

杭金生：我不是宣传敬老院，我是宣传养老意识

山 丘

许多老人的一生很不容易，我们应该善待他们。当这个老人失能、不能说话，她口渴的时候，这水就在那里，她拿不到，如果你看见，你把水给她了，看着她喝下。你去观察她的眼睛，它不是哀怨的，它一定是放着光的。她不会说话，但她心里在感谢你。就这么一个举手之劳，解决了老人多大的问题啊！

——杭金生

杭金生是谁?

紧邻北京市西城区牛街礼拜寺东侧,有一座伊斯兰教特色的仿古建筑。它就是北京牛街民族敬老院(以下简称牛街敬老院),杭金生是该院的院长。

2019 年,北京大学人口研究所教授乔晓春在《社会政策研究》中发表的《养老产业为何兴旺不起来》显示,北京市有近 20% 的养老机构入住率不到 20%,有 50% 的养老机构入住率不到 50%,真正"一床难求"的只有 49 家养老机构,占北京市全部有效养老机构的 10% 多一点。牛街敬老院是这 49 家中的一家。

"排队想入住我们院的老人,有的已经排了 10 年;有的好不容易排到,等我们打电话回去,老人已经走了。"牛街敬老院护理部王主任说。

牛街附近也有好多家养老机构,为什么就牛街敬老院"一床难求"?

入住的老人说:"杭院是个好人。"老人的家属沙先生说:"杭院教我们怎样和我父亲相处。"护理员小谢说:"你从各种小事都能看出杭院的朴实。"护理部王主任说:"你应该去问杭院。"

公开的资料显示,牛街敬老院占地面积 2500 多平方米;地上三层为老人居住区,地下二层为功能区,设置床位 224 张;现入住老人 224 人,平均年龄 85 岁,

杭金生陪老人过生日

其中半自理、完全不能自理的老人约占70%，回族老人约占80%；行政管理人员和护理照料人员近90人；运营实行院长负责制。2008年开业，2012年被评为国家2星级养老机构，2018年，成为北京市唯一一家4星级民族敬老院，目前正走在创5星级的路上。

在牛街敬老院地下一层院长办公室见到杭金生时，笔者才理解了“地下二层为功能区”的具体含义：空间有限，地上的空间都给了老人，从开业的第一天开始，杭金生和工作人员就都在地下室办公。

2020年疫情期间，杭金生和全院的服务团队，就是在这个地下二层的空间里住了5个多月。地下办公室没有窗子，有一天半夜，承受着巨大压力的杭金生犯了心脏病，不得不吸氧抢救。

最近几年，到牛街敬老院学习取经的人不少，一如10年前四处取经的杭金生。他们到底学到了什么，鲜少有人知道。

有一年，带着自家敬老院的资料在朝阳公园作宣传时，有游客问：“你们都一床难求了，还宣传？”杭金生说：“我不是宣传敬老院，我是宣传养老意识。”

难道杭金生的养老意识里有“一床难求”的秘籍？

什么叫老？
没有参与意愿和能力了，才叫老

父亲80岁以后，沙先生发现父亲越来越难以理解：每次买东西去看他，他总是不高兴。他让杭金生给自己参谋，买点什么才能让父亲高兴。杭金生送了他两个字：尊重。

“你父亲70多岁的时候，在家还给你们做饭，从不嫌累，他得到的是什么？存在感：我这岁数，不是大家伺候我，而是我给大家做饭，大家对我还有需要。现在呢，他做不了，住敬老院，他在家庭的存在感呢？”杭金生建议沙先生做一道父亲以前常做的菜，带来请父亲尝尝，然后再按父亲的指导做一次，再带来，看看父亲高不高兴。

“老人是要刷存在感的，他有时候怄气、找碴儿，其实都是在找他的存在感。你得理解并意识到。”杭金生说，“你说什么叫老了？有的说80岁了算老，有的说不能动了算老。其实都不是，主要看老人的参与能力。老人失去了参与能力，那

到老人房间看望老人

是真的老了。有参与能力，坐轮椅上还关心国家大事。90 岁了还关心子女今天是不是穿少了。我们这里还有老人，十九届五中全会后，要求学习十九届五中全会精神。我们临时党支部就组织学习，老人特高兴。”

“可是，在一般人的思维里，老人都这岁数了，也不上班，还学习中央精神，学了也干不了什么呀！”笔者问。

“不在老人能干什么，而在于这是他一生的经验！”杭金生说，“做儿女千万别说，‘行行，你别管了。’‘您老了，知道了有什么用呀。’这样的话，最伤老人心！”

“为什么？”

“为什么？说这些话的时候，你看看老人的表情，看看他（她）的眼睛，是很失望很失落的！这样的话不能跟老人说。老人喜欢你提他（她）以前的事。你说他（她）以前做的什么东西好吃，他（她）以前带你去哪里玩印象很深，他（她）以前给你买过什么东西你特喜欢……他（她）最爱听这些。”

“这样的精神在敬老院里怎么落实啊，这么多老人？”笔者问。

“所以敬老院要营造氛围啊。养老机构不是家，但要营造家的氛围，让老人觉得像家，他说话有人听。

“我们这里要求所有的人，来一位老人，先和老人商量怎么称呼他——是称

开斋节给老人发放食物

老师，还是称呼爷爷、奶奶，还是大伯。我要求护理员和老人说话时，老人之间聊天，你在一边可以站着，但如果老人跟你个人说话，老人坐着，你就一定要蹲下去，与老人平视着听老人说。这一个平视很简单，但老人的感受完全不一样。

“这么多年，我每次只要看老人，一定做到全看一遍；要是打招呼，就都打招呼，从来不会理了这个，没理那个的。更不会让老人觉得我跟张伯伯更亲，跟他不亲。这些都是小事，但在老人那里可能会影响他的心情，影响他的食欲和睡眠。有的老人爱说，我就坐下听他说，他说够了，到点他就高兴地吃饭去了。

“你去参观敬老院，一般会让你看他们的活动室、健身房、食堂什么的，我就请人在我们敬老院里转转，看我们老人的状态。老人的要求很简单，第一，就是吃，吃得合口味；第二，给他精神支持，相信他，给他存在感，其他的，安全、干净就行。”杭金生说。

“您是一开始就知道这么做的吗？”笔者问。

“一开始我们也走了弯路，后来发现不行：把人家好的都搬过来，我们就不是我们自己了。我们还是坐下来自己研究、总结，慢慢就找到了自己的路子。”

收费这么低，怎么生存？
要算社会账，在管理上做减法

杭金生说的弯路，就是2007—2010年3年左右的时间。为了办成自己心目中最好的养老院，开业之前，他亲自去宁夏招了17名大学毕业生；带领大家去北京市第一福利院、北京市四季青敬老院、天津市第三福利院等机构学习；怕照顾不周，在老人还没住满的情况下，工作人员多达100人……结果头3年，敬老院陷入了亏损—投资—再亏损的恶性循环。“后来明白了，敬老院不是为老人服务吗？老人满意就是最好的。”

回归这个常识后，杭金生改变了经营策略：以人为本，提高服务质量，创建服务品牌。他开始在管理上下功夫。关注老人精神和心理健康，全方位满足老人需求——开展“我的养老我做主”主题活动，根据老人需求开设书法、编织、英语、电脑、京剧、茶艺等兴趣班，举办作品展，带老人出游；围绕老人需求推进标准化管理——在北京市养老服务机构质量规范21项服务的基础上，再制定了百余项自己的工作标准，提升服务质量，减少护理人员10人，降低管理成本……2011年，入住老人稳定下来，入住需要排队；2012年评上2星级养老机构，特色

春节前给老人发礼物

凸显；2018 年，被评为 4 星级养老机构，成为国家示范敬老院。

乔晓春的研究显示，在北京住养老机构，每月至少要花费 3000 元，最多要花费 1 万多元，且 61.6% 的养老机构会收取押金；养老机构处于盈余状态的占 4.0%，有 62.4% 的机构需要 10 年以上才能够回收投资。

牛街敬老院地处京城二环以里，收费应该不低吧？

“我们老人入住的平均费用是每月 3700 元，别的机构一般的是每月 6000—7000 元。”杭金生说。

“这么低，怎么生存？”毕竟不是公办公营，没人兜底啊。

“有这样疑问的不止你一个。我只有两个办法：第一，在管理上做减法；第二，当事业而不是产业来发展，算社会账。”杭金生说。

说起来，走进养老行业，在杭金生是个偶然。2005 年，为改善牛街地区民族老人的养老生活，西城区在牛街礼拜寺东边新建了一座“回”字形仿古建筑，高三层，地下两层，以替代西砖胡同的老敬老院。按当时的设计，公开招标，公办民营。2007 年，当时在牛街商贸公司做经理的杭金生和他的合伙人，凭着熟悉牛街地区风俗文化的优势中标。从此，杭金生开始了他兼职敬老院院长的生涯。

“我们的收费一直不高，饭费从开始的每月 360 元，10 年间刚涨到了每月 990

除夕和失独老人一起过年

元，附近的（养老）机构都涨到每月 1500 元了。我们为什么不涨价？情况很复杂。就这 3700 元，有人承担得起，也有人承担不起；有的老人还完全靠儿女，有的老人还没有生活来源，收费一刀切不了。养老是个社会问题。这些老人，同样在年轻时为社会作了贡献，而且贡献不一定比你我小——年轻时没有工作的老人，她也不是没给社会作贡献啊，她养了孩子，把孩子培养成社会的人；就是她什么也没做，那她一生没给这个社会添麻烦，也是为社会作贡献了啊，为什么不给他们一个好的养老？因为要照顾各方面老人，我们就把价格定在了 3700 元。我们现在只好先把服务搞好，日子过紧点，口碑上去了，赢得企业的认可，让企业支持赞助我们。比如，我们这个礼拜，水果可能不用买，有附近的商会赞助。”

凑巧的是，采访刚开始时，牛街商会的马先生来请杭金生参加 7 家企业的捐赠活动。米、面、油和牛羊肉等食品，用喜庆的包装包好，在敬老院大厅入门处堆成了一座小山，大厅东边墙上的电子屏幕显示着捐赠企业的名字和对全体老人的祝福。“一会儿 7 家企业的人都要说几句话，合个影，老人参加不参加？”马先生问。

“参加啊。”没有丝毫的犹豫，杭金生脱口而出，转而笑着补充道，“有些老人，你是挡不住的。”

“养老不能纯算经济账。像我们敬老院，怎么体现处党和政府对民族政策的优越性？替党和民族做好事，做体现民族政策优越性的事。”

怎么留住护理员？
适当的报酬，充分的尊重

护理员队伍决定着养老机构的定位、定价、入住率甚至是生存与发展，这也是养老机构的常识。2020 年 11 月 10 日《中国经营报》报道说：“月薪 3000 元，身心疲惫，年轻人正在逃离养老机构。”乔晓春教授的调查显示，北京市养老机构的护理人员年龄 40—59 岁占近 3/4，2016 年平均拿到的月税后工资为 2788 元。

牛街敬老院人均 3700 元的入住收费，护理员工资会有多低？

“很低，基本工资 3300 元左右，每月工资主要靠加班费。每天工作超过 8 小时，每周只能歇一天，管吃管住，加班费加起来，一个月能拿到 5000 多元。这个工资前几年还有点优势，现在没有了。虽没有优势，但我们人员稳定，我们护

开斋节和老人合影

理员人员平均年龄 40 岁，每年流动率不超过 15%，远远低于周边，周边的超过 50%，有很多人在这里干了 10 多年。

“队伍为什么还这么稳定？我们有一个好的氛围。他们（护理员）出来打工，最大的顾虑是什么？你不能把人家看成就是出来挣钱的，他也需要尊重和关心，需要体现社会价值。我跟员工讲我们是一家人，处处都能体现出来。首先，员工来了，只需带一身换洗的衣服，我们管吃、管住，把被褥、暖壶和吃饭的碗都准备好了。第二，吃饭全员一样，管饱。老人吃什么，我们就吃什么，品种一样，只是软硬度不一样。最重要一点，我们尊重人家，押身份证吗？不押；交押金吗？不交；干一天给一天工资。有的人干着干着，看别的地方工资高，要走，我们不为难他，如果他愿意，还会帮他打听情况，防止他受骗；去别的地方，干着干着觉得还是我们这里好，我们也欢迎回来，不会歧视。我对他们说，在我们这里哪怕只干一天，我也感谢你。

“社会上有些人看不起护理员，我就经常在大会上跟员工讲，我们是社会上最普通的人，但我们干着社会上最伟大的事。这不需要别人去说，我们自己就应该这么想。因为这一位或两位老人，会牵扯着一个大家庭乃至整个社会的和睦。”杭金生说。

这样的底气，杭金生一直就有。2008 年敬老院开业时，他特地选了 3 月 5 日全民学雷锋日这一天。“我就是想告诉大家，这虽然是个拿工资的工作，但这也是

带老人去公园游览

做积德行善的事，是做好事，要有做好事的心态和心情——我们的付出和报酬不一定成正比，但我们知道自己这样做值得。”杭金生说。

不知道从哪一天开始，敬老院有了“家”的气息。有员工说，从来没坐过飞机，想坐一次飞机。杭金生会把下次的外出培训或旅游，安排坐火车去，坐飞机回；有员工说没坐过船，没见过海，他就安排一次邮轮游。飞机是红眼航班，游轮是淡季票价，没多花钱，但员工圆梦了啊。

“我们员工也不容易。像今年（新冠肺炎）疫情期间，我们住地下室，住了5个月，每天还得想办法让老人开心。我们就为员工开展些活动，打球、踢毽子，调整饮食。也考虑不了什么节约问题，就是想着法子从各方面调整大家的情绪，帮大家过好每一天。”杭金生说。

护理员小谢说：“我不愿意离开这里，是觉得在这里心里踏实。”2007年，小谢刚大学毕业，要离开宁夏老家来牛街敬老院上班。父母很担心，怕她做不好，被老人打，受委屈。“13年来，还真没发生过老人打我们的事。”小谢说。她眼里的杭院就两个字“朴实”——打开水，他从来不打满，他觉得他一个人喝不了这么多，打多了浪费；员工不舒服，他看到了，就问找没找大夫看；西北人喜欢吃酸辣粉，就常让厨房给做，免得他们想家；今年新冠肺炎疫情刚过，春节没回家

多贴心呀

的，让他们回家看看，免得家里老人不放心。

虽然如此，大家对杭金生还是“害怕的”。他也会发火。有一次，杭金生发现员工宿舍垃圾桶里有未熄灭的烟头。第二天，他就安排全体职工大会，重申院内区域不得吸烟的规定，给大家讲安全意识。员工写检讨，他自己写检讨，贴在食堂入口处，并且罚自己 1000 元。员工们知道，这么多年来，杭金生在敬老院是不拿工资的。从此，再也没有人在非指定场所吸烟。

“那你们的护理员门槛是不是很高？”笔者问。

“没有门槛。谁家没个老人，你怎么跟自己家老人相处，将心比心，就可以了。当然，面试还是要把关的，第一，要善良、诚实、开朗，太内向，不愿意与人沟通的不用。第二，有文化。第三，看家里是否有老人，有老人的优先。”

护理部王主任同时是西城区护理评估组的成员，在她眼里，牛街敬老院最大的好处是，按老人的性别来招护理员，“我们院男员工照顾男老人，女员工护理女老人，绝大多数养老机构都做不到这一点，但这一点恰恰是对老人最大的尊重。”

有些影响是无形的。有一名员工，干了不到一年，跟主任请假回家，说我在这里天天给老人打水洗脚，没给我爷爷洗过，这次回去一定给爷爷洗一次。15 天后回来了，问他给爷爷洗脚了吗？他说，回家当天就给爷爷洗，结果爷爷和他当时都哭了。

还有一个小姑娘，在牛街敬老院做了 8 年护理员，去清华池学修脚。出师后就成了清华池的明星员工。很多人奇怪，文化水平不高，长相不突出，刚出师，怎么就成明星了？修脚的多是老人，绝大多数师傅修完脚，会等着客人自己穿袜子、穿鞋，这个小姑娘修完脚，会下意识地帮老人把袜子和鞋穿上。这一个举动让老人都喜欢找她修脚。

杭金生说，这很像他的心态。“许多老人的一生很不容易，我们应该善待他们。当这个老人失能、不能说话，她口渴的时候，这水就在那里，她拿不到，如果你看见，你把水给她了，看着她喝下。你去观察她的眼睛，它不是哀怨的，它一定是放着光的。她不会说话，但她心里在感谢你。就这么一个举手之劳，解决了老人多大的问题啊！”

杭金生一直觉得，家里有一老人特幸福，但他 20 多岁时，母亲去世了。“当年如果条件有现在这么好，我母亲肯定不会那么早就走了。现在条件整个社会条件这么好，应该有人帮助老人过得更好。”

未来，我们怎么养老？

我国已于 1999 年进入老龄化社会。国家统计局的数据显示，2018 年全国 60 岁以上人口 2.49 亿，失能、半失能老人达到 4000 万。另据世界卫生组织预测，到 2050 年，中国将有 35% 的人口超过 60 岁，大概有 4 亿人，将占亚洲老年人口的五分之二。

为应对人口高速老龄化问题，国家出台了一系列推进养老市场化的政策，希望借助社会力量和市场机制，吸引社会各方面的力量参与解决中国的养老问题。数量巨大的服务对象，政府积极的扶持政策，让养老被冠上“朝阳产业”“支柱产业”，但现实很严峻，北京大学人口研究所教授乔晓春在北京的调研显示：“养老产业从表面上看‘饼’很大，但实际上却是举步维艰。”北京只有 1.3% 的户籍老年人住在养老机构；北京市有近 20% 的机构入住率不到 20%，有 50% 的机构入住率不到 50%。在北京市需要别人照护的老年人可能选择养老机构的潜在比例最多不会超过 1.6%。而另一方面，在机构的老人，很多用“混日子”来形容自己在敬老院的生活状态。

我们的养老到底怎么啦？在养老机构浸染了 13 年，杭金生怎么看这个问题？

笔者：机构养老需求很大，为什么一半以上的机构还住不满呢？

杭：因为老人和社会对这种养老方式还不了解和认可，不知道它的好处。现在社会有的老人觉得去养老机构是被儿女嫌弃，会被人歧视；儿女觉得父母去养老院，丢人。主要是我们在宣传上做得不够。我们每年要上公园宣传。有一次在朝阳公园，有人问我："你们床位都满了，为什么还要宣传？"我说"我不是宣传我们敬老院，是宣传养老意识。"

还有，就是我们的养老政策和法规也需要完善。我这里有一个调查表，问"本机构发展中遇到的问题和主要困难"。我提了 4 条。

第一，没有养老机构管理的法律体系。我国老龄人口基数这么大，养老工作真正服务到老人，不实现产业化，很难做到。但产业化的前提是相应的标准、法律和监管要跟上。我们已经是 4 星级机构，还想奔 5 星级去努力。我们肯定不能只管我们机构自己的养老服务，我们也想把我们的经验分享给更多的人，服务更多的老人。但有很多掣肘的问题在那里拦着。就拿给老人送餐这个问题，老人上机构吃和送到家里吃是两回事。送餐上门，餐饮的安全问题怎么界定；上门服务，老人一人在家发生意外情况，怎么定性和处理？这里有很多现实而琐碎的实际问题，需要有法律法规来界定和规范。

第二，没有养老机构的规范标准。公办应该做什么，民办应该做什么；机构养老怎么管理，居家养老怎么管理，都应该有相对完善的服务标准。公办养老机构和民办养老机构应该功能分明。高收入的老人到民办机构，低收入的老人进公办机构，这才是社会正能量。

第三，养老需要统筹规划设计。我们机构设计和发展不应该与老人的需求脱节。现在北京的养老机构，出了五环，基本就住不上人，为什么？人一辈子住城里，老了让他突然离开城里住郊区，他不习惯，心理上不安全啊。你说郊区，出门见绿，空气新鲜，可老人最需要的不是这个，他更需要的是情啊。我们这里有一老太太，平时特糊涂，儿子在加拿大，可你发现这一两天她突然明白了，你就知道准是她儿子要回来了。虽然平时她和孩子也没多少联系，但她就是知道。你把老人老了送那么远，他心里像没了根一样，肯定不愿意去。

第四，养老服务人员的社会地位和福利待遇需要提高。我们工作人员现在没有统一的职称，叫护工、保姆的都有。护理员这个职业应当得到社会的认可。我觉得养老服务员的工资应该与事业单位的差不多，不能太低，最重要的是社会地位不能太低。社会上天天喊人人敬老爱老，也应该尊重养老护理员、养老事业。

笔者：有没有想过，您老了后，哪里养老?

杭：我和爱人商量过（养老的事）。如果我们双方不能照顾自己和对方，我们就进养老机构，并且完全委托养老机构照顾，不给孩子找麻烦。任何情况，我把自己的钱押给机构，我需要上医院，机构不需要经我孩子同意才可以去；需要怎么治疗，也不需要我孩子来签字才可以，听医生和受委托方的。在我不能表达的时候，机构也可以替我做主。这不是孩子不孝。我的养老我要完全自己做主，事后可以通知孩子。

笔者：宣传上，我们媒体应该做什么?

杭：从宣传上，提高全社会的认知，对老人和老年社会的认知。老了就是老了，它是人生的一个状态，就像四季，人人都会经历，不要与没用、不值钱挂钩。老了，就要换方式过生活；到机构了，就从机构的起跑线开始。总之，不管处在什么状态、在哪里生活，都有正常心态。

家属送老人去机构不是抛弃老人，老人去机构不是自己没价值。社会和家庭都有分工，你在家里养老，如果花费子女太多精力和时间，势必影响他在社会上承担社会责任。

改变观念确实很难，这需要经常宣传。我们这里有位老人，是第一代留苏博士，特有风度，不穿睡衣出门，不穿睡衣见人，什么都自己干，不愿意给人添麻烦，还热心公益，经常捐款。后来岁数大了不能自理，他还是不愿麻烦护理员。我们护理员做工作说：“爷爷，您要方便的时候应该告诉我，让我来帮您。您这会儿怕麻烦我不告诉我，时间长了，您身体就会出问题，到时会给我们添更大的麻烦。”老人明白后，慢慢就改了。也有另一个极端的老人，不能自理了，动不动跟护理员急：“我护理费涨钱了，我让你做什么，你就该做什么。”这样的我们也得跟他讲清楚。

笔者：说说做养老服务工作后，对自己的影响?

杭：干了敬老院工作后，我心态变了，改变了对很多事情的看法。比如，不管什么样的老人，我看到的都是他们的不容易，特理解他们；遇事也不再急躁，所有认识我的人都觉得我性情稳定了。

特别视点

老者安之，朋友信之，少者怀之。

——《论语·公冶长》

解读“十四五”期间 民生慈善关键词

赵莹莹　顾　磊

引言

经党的十九届五中全会审议通过，《中共中央关于制定国民经济和社会发展第十四个五年规划和二〇三五年远景目标的建议》2020年11月3日正式发布。《建议》是开启全面建设社会主义现代化国家新征程、向第二个百年奋斗目标进军的纲领性文件，是今后5年乃至更长时间中国经济社会发展的行动指南。

站在“两个一百年”奋斗目标的历史交汇点上，这份新时代新征程的逐梦蓝图关乎14亿中国人民的未来福祉。“健全多层次社会保障体系”“发挥第三次分配作用，发展慈善事业”“完善帮扶残疾人、孤儿等社会福利制度”……针对民生福祉，《建议》规划了诸多重要要求和重大举措。这些要求和举措，给未来的社会保障与救助、公益慈善事业等指明发展方向。围绕这些举措，《人民政协报》记者采访了相关专家学者，进行解读与展望。

关键词：社会保障

社会保障是民生的安全网、社会的稳定器。

“十四五”时期，如何进一步完善中国特色社会保障体系？《建议》提出，要“健全多层次社会保障体系。健全覆盖全民、统筹城乡、公平统一、可持续的多层次社会保障体系”。

全国人大常委会委员、中国社会保障学会会长郑功成在接受记者采访时，对2019年七八月间到四川省凉山彝族自治州的一次调研记忆犹新。

当时，他走访的位于喜德县郊的一户建档立卡贫困户家庭，祖孙三代已从偏僻山冈上的茅屋搬入内外整洁的新居，老人按月领取养老保险金，两个孩子免费进入幼儿园、小学。政府代缴其城乡居民基本养老保险、医疗保险费，提供最低生活保障、大病保险与医疗救助等。

吃穿“两不愁”，义务教育、基本医疗、住房安全“三保障”，这户人家是低收入农村居民获得社会保障的缩影。

“调研结果表明，社会保障这一保障人民生活、调节社会分配、促进社会公正的基本制度，已经成为我国全体人民共享改革发展成果的基本途径与制度保障。”郑功成说。

“完善覆盖全民的社会保障体系，是坚持和完善中国特色社会主义制度的题中应有之义，是使发展成果更多更公平惠及全体人民、朝着共同富裕方向稳步前进的必然要求。”党的十九届五中全会提出“十四五”时期“多层次社会保障体系更加健全”的发展目标，郑功成表示，当前，我国社会保障体系建设正在走向成熟、定型发展的新阶段，全民共享的社会保障安全网将进一步织密扎牢。

肯定成绩的同时，郑功成提出，目前我国覆盖城乡居民的多层次社会保障体系已基本建立，但一些制度安排仍存在短板与不足，社会保障体系建设任务依然繁重。人口快速老龄化、人口大规模流动、信息化催生新就业形态等，都对社会保障体系建设提出了新挑战、新要求。

在他看来，面向未来，我国社会保障学者应深入研究数字化时代社会保障发展面临的新机遇、新挑战，既要适应新就业形态的劳动关系特点创新完善社会保障制度，又要适应数字技术提升社会保障现代化水平，同时还要适应新时代我国社会主要矛盾变化，顺应人民对美好生活的新期待，深入研究优化现行制度安排的路径和方案，促进中国特色社会保障体系更加成熟、更加定型，更好维护社会公正，更好造福人民。

关键词：社会救助

“民唯邦本，本固邦宁。”社会救助是保障基本民生、促进社会公平、维护社会稳定的兜底性、基础性制度安排。

“健全分层分类的社会救助体系”，是《建议》中对我国民生兜底保障制度的总体设计和长远规划。

“围绕绝对贫困、相对贫困、急难情形建立分类的梯度救助体系，实现了社会救助重点从低保群体向低收入群体的扩展，实现了社会救助体系的调整和升级。”

南京大学政府管理学院教授林闽钢提出，单一的现金或实物救助，已难以满足救助对象多样化的救助需求，无法对贫困家庭采取有针对性的帮扶措施。

“通过非物质救助形式，实现社会救助方式的多样化、组合化、专业化和个性化，最大限度发挥社会救助的综合效应，是我国社会救助体系发展的新亮点。”林闽钢表示，健全分层分类社会救助体系，适应了我国困难群众需求的新变化，积极回应了困难群众帮扶需要的多样性，扩大了救助范围，让兜底更精准、更有力。

林闽钢认为，“十四五”期间，实现新时代社会救助高质量发展，促进传统的单一现金或实物救助向物质保障、生活照料、精神慰藉、心理疏导、能力提升和社会融入相结合的复合式救助转变，需要进一步健全分层分类、城乡统筹的中国特色社会救助体系，加快构建政府主导、社会参与、制度健全、政策衔接、兜底有力的综合救助格局。

为此，他建议加快社会救助法治化进程。目前，社会救助法已列入十三届全国人大常委会立法规划。未来，社会救助法的出台将成为新时代推动社会救助高质量发展的标志，并为我国社会救助体系走向成熟定型提供法律保障。

与此同时，林闽钢强调要抓住信息技术革命为“智慧救助”提供的机遇。以云计算、大数据、“智慧城市”等为支撑，推动新一代信息技术在社会救助领域的广泛应用，促进救助信息聚合、救助资源统筹、救助效率提升，形成早发现、早干预的“主动救助”，让救助质量成色更足、更有温度。

关键词：慈善与第三次分配

此次发布的《建议》中，要求“发挥第三次分配作用，发展慈善事业，改善收入和财富分配格局”。

“将慈善事业纳入第三次分配的这一提法，实际上改变了慈善事业在我国的定位。在此之前，慈善事业是被定位为社会保障体系的一部分的。”在十二届全国政协委员、清华大学公益慈善研究院院长王名看来，从社会保障体系的组成部分，到作为社会主义基本经济制度的分配制度的组成部分，慈善事业的重要性和被重视程度无疑是不一样的。

“尤其是‘发展慈善事业’之后的表述是‘改善收入和财富分配格局’。政府、企业、社会组织等不同主体在慈善事业方面的投入相应地都将需要作出改变。”王名说。

记者了解到，第三次分配方式并非制度的强制约束，而是通过个人自愿捐赠而进行的分配。由王名等 21 位专家共同发起的“中国第三次分配研究院”，2019 年 12 月在山东工商学院成立。这是国内首个针对第三次分配研究的高端智库，围绕第三次分配开展交叉性研究，为相关政策制定，促进社会公平、推进公益慈善事业提供智力支撑。

“第三次分配更具有中国特色，反映出经济社会发展进入一个新的阶段。针对第三次分配展开系统的理论研究，对于我国基金会和公益慈善项目的发展具有极强的指导意义。”王名坦言，围绕第三次分配的理论研究、政策研究、制度研究、体制研究、案例研究目前还处于起步阶段，需要学术界的大力推动，从多维度视角和交叉融合实现研究闭环，才能尽快产生创新的理论成果。

“‘十四五’期间，要积极促进第三次分配，即慈善公益事业的发展。”王名认为，无论是从完善我国多层次社会保障体系的角度，还是从构建和谐社会的角度，都需要大力发展慈善公益事业，并通过慈善公益事业来促使物质文明与精神文明有机结合，进而塑造与和谐社会相适应的积极向上的道德标准。

关键词：脱贫攻坚与乡村振兴

“《建议》谋划的是全体人民的福祉和蓝图，理想的 2020 年后扶贫开发工作与乡村振兴战略相衔接，本身就是从人的发展的角度设计的一以贯之的经济社会发展战略。”中民社会救助研究院执行院长宋宗合说。

在宋宗合看来，其衔接的内容需要对以下四个维度作出一个新的战略规划和部署：既保证社会稳定，又促进经济发展；既有利于社会公平，又有利于提高效率；既保障公民生活，又激励公民积极劳动；提高公民素质的同时促进社会进步。

“实现巩固拓展脱贫攻坚成果同乡村振兴有效衔接，必须以人的全面发展为核心，满足人的全面发展的多方面需要。”在宋宗合看来，在巩固拓展脱贫攻坚成果同乡村振兴衔接时期，新型贫困人口的贫困并不必然反映在绝对收入上，而是主要表现在收入和社会公共服务获得的相对不平等上。

“如何促进欠发达地区农村经济、政治、文化、社会和生态各方面的协调发展，全面提高相对贫困人口的共享发展水平，是解决协调发展问题的关键。”宋宗合认为，“后扶贫时代”，目标群体并不存在生存困境，仅仅是生活水平相对较低且陷入绝对贫困的风险高于其他群体，加之其通常存在个人发展性不足的问题，因此提升个人知识技能，依靠产业、教育、就业扶贫等措施实现生活水平的提升才更适合此类相对贫困群体。

宋宗合强调，除个人能力上的扶贫举措，制度上的保障更加重要。依靠个人能力提升仅能保证经济脱贫，而经济脱贫并不意味着生活质量的提升，其他方面的贫困如教育、医疗方面的贫困状况是不能仅依靠经济能力进行解决的，还需要制度加以保障。

“只有为贫困群体解决制度方面的后顾之忧，帮助其实现能力与精神自立，才能使其远离贫困，实现国家的扶贫目标。”宋宗合说，健全农村社会保障和救助制度即是解决后顾之忧问题。

2020 年 2 月，民政部会同国务院扶贫办印发《社会救助兜底脱贫行动方案》，明确了健全完善监测预警机制、落实落细兜底保障政策、加强特殊困难群体关爱等系列举措。但在宋宗合看来这还远远不够：“贫困群体面临的因病致贫、因病返贫、因学致贫等问题仍然缺乏有效的解决措施。需要社会保障和社会救助政策在顶层设计时分类考虑不同群体的差异，满足目标群体对于社会保障和社会救助的预期。”他强调，实现规划和蓝图的坚定支撑来自党和国家的正确领导，在制度保障和资源保障的基础上，坚持和完善东西部协作和对口支援、社会力量参与帮扶等机制，是充分发挥共同愿景和目标之下协同力量的关键。

关键词：养老服务体系

我国自 2000 年进入老龄化时代以来，经过 20 年的发展，即将从轻度老龄化迈向中度老龄化社会。养老问题与每个人息息相关，已经引起社会普遍关注。为此《建议》首次明确提出，要实施积极应对人口老龄化国家战略。

“此举必将全面、深刻地影响我国应对人口老龄化的相关制度建设。”北京师范大学中国公益研究院常务副院长高华俊认为，解读十九届五中全会公报以及《建议》时，不应孤立地看待关于养老服务的相关文字表述，而应根据“十四五”规划目标和二〇三五远景目标综合观察国家公共服务体系如何去完善。“养老涉及多个方面，比如科技、生态、健康等，从整体规划层面关注养老，能更好地把握我国养老服务事业发展的重点。”高华俊说。

高华俊表示，“十四五”期间，养老服务业发展要解决的一个主要矛盾是服务与需求的精准匹配。其中，养老服务业的人才体系建设尤为重要。“养老护理人才需要系统性培养。当前，我们在本科阶段设立了养老专业，再加上若干培训，加强了人才培养力度，但还是不够系统化，应加强职业规划和系统性地出台配套制度。”高华俊建议在未来5年，搭建起养老服务人才建设体系的基本框架，未来15年则应达到能基本满足养老服务人才需求的水平，更好地应对人口老龄化。

关键词：帮扶残疾人

中国残疾人联合会数据显示，当前我国各类残疾人总数已达8500万，约占中国总人口比例的6.21%。全面建成小康社会，残疾人一个也不能少。《建议》提出：“健全老年人、残疾人关爱服务体系和设施，完善帮扶残疾人、孤儿等社会福利制度。”

2020年“全国扶贫日”系列论坛上，国务院扶贫办副主任夏更生指出，自脱贫攻坚以来，累计有近700万贫困残疾人实现脱贫。但是，残疾人群体还存在“脱贫不脱困”的问题，残疾人领域公共服务仍然需要加强。今后一段时期，如何加快残疾人事业发展？高华俊认为，首先应强调“保底”，“国家政策应注重为中重度残疾人、多重残疾人及其家庭提供托养等服务和相关福利保障。”

据了解，我国重度残疾人有2500多万，有托养需求的近千万人，但能够得到服务的只有百万左右。为此，张海迪等全国政协委员曾积极建言献策。2019年，从国家相关部门到各地政府，均在探索建立重度残疾人托养服务制度，“十四五”期间，将会形成更完善的制度体系。高华俊表示，在“保底”的基础上，应着重促进残疾人社会融入，提升全社会对残疾人的包容度，提升社会文明发展程度。

以无障碍环境建设为例，早在2010年，深圳市即已出台《深圳市无障碍环境建设条例》，很多市政设施、公共服务场所随处可见无障碍建设的身影。在北京，很多社区建设“温馨家园”，为残疾人提供康复、就业、社会参与等系列服务。“如果社会环境是友好包容的，残疾人群体就能有效融入社会，他们可以就业、参加各种社会活动，能被平等相待，也能受人尊重。我认为，北京、深圳等建设‘无障碍城市’，抓住了问题的实质，为整个社会的残疾人事业找到了方向和途径。”高华俊说。

（来源：人民政协网2020年11月10日）

“十四五”规划建议对慈善、社会组织、社工、志愿者提了哪些要求？

王　勇

引言

2020 年 11 月 3 日，《中共中央关于制定国民经济和社会发展第十四个五年规划和二〇三五年远景目标的建议》（以下简称《建议》）对外公布。

《建议》提出：发挥第三次分配作用，发展慈善事业，改善收入和财富分配格局。

《建议》提出：发挥群团组织和社会组织在社会治理中的作用，畅通和规范市场主体、新社会阶层、社会工作者和志愿者等参与社会治理的途径。

这些关于慈善、社会组织、社会工作、志愿者的说法意味着什么，该怎么解读？

从社会保障到第三次分配，慈善事业的定位发生变化

《建议》提出要发挥第三次分配作用，发展慈善事业，改善收入和财富分配格局。将慈善事业纳入第三次分配的这一提法，实际上改变了慈善事业在我国的定位。在此之前，慈善事业是被定位为社会保障体系的一部分的。

2015 年 11 月 3 日，《中共中央关于制定国民经济和社会发展第十三个五年规划的建议》对外发布，慈善事业的发展被列入第七章“坚持共享发展，着力增进人民福祉”第五部分“缩小收入差距”。

其中明确提出要“调整国民收入分配格局，规范初次分配，加大再分配调节力度”，但并没有提出第三次分配的说法。

其中关于慈善事业的表述是：支持慈善事业发展，广泛动员社会力量开展社会救济和社会互助、志愿服务活动。完善鼓励回馈社会、扶贫济困的税收政策。

这一表述是支持慈善事业发展的，但对于慈善事业发展的作用和目的并没有

明确表述——虽然被列入了与分配制度有关的章节，但并没有进一步说明其定位。

随后制定的“十三五”规划纲要，其中第三十六章是关于缩小收入差距的论述，包括完善初次分配制度、健全再分配调节机制、规范收入分配秩序三个小节，但其中并没有关于发展慈善事业的论述。

关于发展慈善事业的论述出现在第六十四章“改革完善社会保障制度”中，具体表述为：大力支持专业社会工作和慈善事业发展，健全经常性社会捐助机制。广泛动员社会力量开展社会救济和社会互助、志愿服务活动。

这就意味着，在“十三五”期间，慈善事业的定位是“以扶老、助残、爱幼、济困为重点的社会福利制度”的一部分。再进一步，是属于社会保障制度的一部分。

这实际上是对“十二五”规划纲要的延续。在“十二五”规划纲要同样是把发展慈善事业放在了关于社会保障体系建设的章节中。

2019 年，这一定位开始发生变化。2019 年 10 月 31 日中国共产党第十九届中央委员会第四次全体会议通过的《中共中央关于坚持和完善中国特色社会主义制度　推进国家治理体系和治理能力现代化若干重大问题的决定》，将“坚持按劳分配为主体、多种分配方式并存”列为社会主义基本经济制度。

其中除了初次分配、再分配之外，明确提出了第三次分配的概念，要求“重视发挥第三次分配作用，发展慈善等社会公益事业”。

这一提法在此次的《建议》中得到了延续，在“提高人民收入水平”一节中，再次提出“发挥第三次分配作用，发展慈善事业，改善收入和财富分配格局”。

从社会保障体系的组成部分，到作为社会主义基本经济制度的分配制度的组成部分，慈善事业的重要性和被重视程度无疑是不一样的。尤其是“发展慈善事业”之后的表述是“改善收入和财富分配格局”。政府、企业、社会组织（慈善组织）等不同主体在慈善事业方面的投入相应地都将需要作出改变。

具体会如何变化，让我们拭目以待“十四五”规划的出台。

从参与到畅通和规范，社会组织等在社会治理中将发挥更大作用

《建议》提出，要发挥群团组织和社会组织在社会治理中的作用，畅通和规范市场主体、新社会阶层、社会工作者和志愿者等参与社会治理的途径。

畅通的前提是存在不畅通的地方，规范的前提是已经有不同的主体在参与。

实际上，社会组织、社会工作者、志愿者等在“十三五”期间就已经大量参与社会治理。

《中共中央关于制定国民经济和社会发展第十三个五年规划的建议》提出，要完善党委领导、政府主导、社会协同、公众参与、法治保障的社会治理体制，推进社会治理精细化，构建全民共建共享的社会治理格局。

“十三五”规划对这一要求进行了细化。其中提到的目标包括：注册志愿者人数占居民人口比例达到13%；健全社会组织管理制度，形成政社分开、权责明确、依法自治的现代社会组织体制；依法保障居民知情权、参与权、决策权和监督权，完善公众参与治理的制度化渠道。

在此基础上，《民政事业发展第十三个五年规划》提出，要促进街道（乡镇）服务管理创新，推动街道（乡镇）服务管理和社区、社会组织、社会工作者有效衔接和良性互动，构建多元主体共建共享共治格局。

具体来说，充分发挥社会组织在国家治理体系和治理能力现代化中的积极作用，到2020年每万人拥有社会组织数达到6.5个。大力推进专业社会工作和志愿服务发展，有效发挥其在社会治理精细化和社会服务专业化中的作用。推动形成政策法规健全、参与渠道畅通、覆盖领域广泛、服务成效明显的中国特色志愿服务体系。

经过近5年的发展，截至2020年10月，我国社会组织已经超过89万个，已经接近每万人拥有社会组织数达到6.5个的目标。全国注册志愿者1.84亿人，注册志愿团体76.7万个，累计记录志愿服务时间超过25.4亿小时。社会工作取得长足发展，2020年全国社会工作者职业水平考试报名人数突破60万人。

社会组织、社会工作者、志愿者等在社会治理中的作用，在抗击新冠肺炎疫情的过程中得到了充分的体现。据民政部的数据，截至4月23日，全国各级慈善组织、红十字会接受社会各界的捐赠资金约419.94亿元；捐赠物资约10.94亿件；累计拨付捐赠资金约345.19亿元；拨付捐赠物资约10.49亿件。互联网捐赠超过4200万人次。全国有20多万名社会工作者投身到疫情防控工作中提供服务，开通社会工作心理服务热线近4000条，热线累计服务200余万人次。全国各地开展疫情防控志愿服务项目超过29.8万个，参与疫情防控的注册志愿者达584万人，记录志愿服务时间达1.97亿小时。

下一步要如何发展？《建议》给出了方向，要发挥群团组织和社会组织在社会治理中的作用——说明群团组织和社会组织还要进一步发展，作用还要进一步提高。

要畅通和规范市场主体、新社会阶层、社会工作者和志愿者等参与社会治理的途径——在社会工作者和志愿者等已经在社会治理中积极发挥作用的基础上，一方面清理阻碍发展的外部因素，畅通渠道；另一方面对社会工作者和志愿者等进行规范，使其有序发展。

社会工作发展进入一个新的阶段

《建议》提到社会工作时的表述是：畅通和规范市场主体、新社会阶层、社会工作者和志愿者等参与社会治理的途径。这一表述表明社会工作在我国的发展将进入一个新的阶段。

《中共中央关于制定国民经济和社会发展第十三个五年规划的建议》中并没有提及社会工作，但最终制订的“十三五”规划中提到了社会工作，具体表述为：大力支持专业社会工作和慈善事业发展，健全经常性社会捐助机制。

与此同时，从2015年到2018年，社会工作连续四年被写入政府工作报告。2015年政府工作报告提出，支持群团组织依法参与社会治理，发展专业社会工作、志愿服务和慈善事业。2016年政府工作报告提出，加快行业协会商会与行政机关脱钩改革，依法规范发展社会组织，支持专业社会工作、志愿服务和慈善事业发展。2017年政府工作报告提出，改革完善社会组织管理制度，依法推进公益和慈善事业健康发展，促进专业社会工作、志愿服务发展。2018年政府工作报告提出，促进社会组织、专业社会工作、志愿服务健康发展。从发展、支持到促进，逐步递进，推动我国社会工作进入快速发展期。2019年7月29日，民政部慈善事业促进和社会工作司司长贾晓九在民政部例行新闻发布会上表示，社会工作专业人才队伍规模达到120余万人。

据民政部的数据，截至2019年底，我国累计已有53万人取得社会工作者职业资格证书。刚刚结束的2020年全国社会工作者职业水平考试报名人数突破60万人。

2020年我国一线社会工作专业人才总量增加到145万人的目标实现后，社会工作的发展方向是什么，下一阶段怎么走？《建议》给出了答案。

《建议》提出要畅通和规范市场主体、新社会阶层、社会工作者和志愿者等参与社会治理的途径——意味着，一方面，原先不畅通、难以参与的社会治理问题，社会工作者将有更多的机会参与；另一方面，社会工作者在参与社会治理中要更加规范，更有秩序。

（来源：《公益时报》2020 年 11 月 6 日）

重视发挥第三次分配作用
推动慈善社工事业高质量发展

贾晓九

引言

党的十九届五中全会通过的《中共中央关于制定国民经济和社会发展第十四个五年规划和二〇三五年远景目标的建议》提出，“发挥第三次分配作用，发展慈善事业，改善收入和财富分配格局”“发挥群团组织和社会组织在社会治理中的作用，畅通和规范市场主体、新社会阶层、社会工作者和志愿者等参与社会治理的途径”“健全志愿服务体系，广泛开展志愿服务关爱行动”。这是以习近平同志为核心的党中央对“十四五”时期乃至更长一段时期内慈善社工事业发展作出的重大战略部署。

党的十八大以来，以习近平同志为核心的党中央高度重视慈善社工事业发展，作出一系列重要决策部署，引领慈善社工力量健康有序发展，慈善社工事业不断取得新的发展成就，在打赢脱贫攻坚战和全面建成小康社会中发挥了积极作用，在抗击新冠肺炎疫情中作出了突出贡献。我国即将进入新发展阶段，党的十九届五中全会对慈善社工事业提出了新希望，我们要深刻领会指导思想、准确把握精神实质，奋勇担当使命责任，推动中国特色慈善社工事业在开启全面建设社会主义现代化国家新征程之际开好局、起好步。

深刻认识“十四五”时期的慈善社工工作的使命责任

深入领会发展慈善社工事业的重要意义。发展慈善社工事业是确保经济社会持续健康发展的战略任务，发挥第三次分配对于初次分配和再分配的补充作用，有利于实现更有质量、更有效率、更加公平、更可持续、更为安全的发展，对于促进经济行稳致远和社会安定和谐具有重要意义。发展慈善社工事业是促进全体人民共同富裕的内在要求，当前城乡、区域、不同群体间的收入差距仍然客观存在，培育发展慈善组织，发挥慈善财产在扶老、救孤、恤病、助残、扶贫、济困、优抚等方面的作用，健全志愿服务体系，广泛开展志愿服务关爱行动，对于帮扶困难群体、解决群众关切、切实提高人民收入水平具有重要意义。发展慈善社工事业是推进国家治理体系和治理能力现代化的重要举措，发挥慈善组织、社会工作者、志愿者在维护公共利益、救助困难群体、联络动员群众方面的作用，对于建设人人有责、人人尽责、人人享有的社会治理共同体具有重要意义。

全面坚持慈善社工事业发展的基本原则。中国共产党的领导是中国特色社会主义最本质的特征，也是中国特色慈善社工事业的最大优势，要坚持党的全面领导，以习近平新时代中国特色社会主义思想为指导，将习近平总书记的重要指示批示精神和党中央的决策部署，作为健康有序发展的行动指南。为了人民、依靠人民是慈善社工事业的鲜明特征，要坚持以人民为中心，做到取之于民、用之于民，广泛动员人民群众参与，努力解决人民群众在民生保障、社会治理、社会服务等方面的需求，努力落实发展成果由人民共享，不断实现人民对美好生活的向往。创新是新发展阶段慈善社工事业发展的内在动力，要坚持新发展理念，以创新驱动发展，推动质量变革、效率变革、动力变革，构建慈善社工事业新发展格局。实现治理体系和治理能力现代化是慈善社工事业的发展目标，要坚持推进改革，准确识变、科学应变、主动求变，破除制约慈善社工事业高质量发展的体制机制障碍，持续增强慈善社工事业的发展动力和活力。统筹发挥慈善社工事业与其他各项事业的作用是慈善社工事业高质量发展的客观需要，要坚持系统观念，加强对慈善社工事业的前瞻性思考、全局性谋划、整体性推进，加强第三次分配领域内部政策的体系建设和顺畅运行，加强慈善制度与社会救助制度、社会福利制度、优抚安置制度等制度的集成效应，加强慈善政策与财政转移支付政策、税收政策、社保政策等政策的协同效应，加快推进慈善事业、社会工作、志愿服务等第三次分配力量的融合发展。

准确把握慈善社工事业发展的客观形势与目标定位。当前和今后一个时期，一方面，我国经济长期向好，物质基础雄厚，发展韧性强劲，社会大局稳定，慈善社工事业长期稳定发展具备了多方面的优势和条件；另一方面，我国发展环境面临深刻复杂变化，发展不平衡不充分问题仍然突出，城乡区域发展和收入分配差距较大，民生保障存在短板，社会治理还有弱项，对发展慈善社工事业的需求和要求都很高。慈善社工事业作为我国基本经济制度、民生保障制度和社会治理制度的重要组成部分，要充分发挥第三次分配作用，在改善收入和财富分配格局、促进全体人民共同富裕中找准定位；要聚焦脱贫攻坚、聚焦特殊群体、聚焦群众关切，在全面推进乡村振兴、提升基本公共服务均等化水平、提高民生福祉水平中找准定位；要积极参与社会治理，在推动社会治理重心向基层下移、加强基层社会治理能力中找准定位。

认真落实“十四五”时期慈善社工工作的重点任务

贯彻落实党的十九届五中全会精神，构建慈善社工事业新发展格局，推动慈善社工事业高质量发展，推动有效市场、有为政府和有爱社会的衔接，助力提高人民收入水平，为全面建设社会主义现代化国家作出新的贡献，要重点完成“五项任务”。

一是进一步完善慈善社工制度。积极推动和参与慈善领域相关立法修法和制度建设，进一步做好“十四五”时期慈善事业、社会工作、志愿服务、福利彩票的发展规划和顶层设计，推动慈善社工治理体系和治理能力现代化取得新进步。

二是进一步完善慈善激励机制。推动完善慈善税收优惠政策和落实金融、土地、教育、慈善信托等支持政策，探索建立慈善行为记录和激励机制，进一步鼓励大型企业、高收入人群和中等收入群体、普通人的捐赠和志愿服务热情，扩大慈善事业的群众基础。

三是进一步完善慈善监管体系。以慈善组织为重点，建立更加完备的慈善综合监管体系，加强事中事后监管和联合执法工作，推进“依法治善”“依法行善”；增强慈善事业的公信力和透明度，加强社会监督，加快推动信用监管发挥作用。

四是进一步完善慈善创新机制。突出创新引领，运用科技革命和产业变革的成果，大力发展互联网慈善，创新推动社区、社会工作者、社区志愿者、社区社会组织、社区公益慈善资源的“五社联动”，配合相关部门加强福利彩票发行销售管理、加快推进更加绿色健康新游戏上市等工作，实现全民慈善、便民慈善。

五是进一步完善社会工作发展体系。贯彻落实加强乡镇（街道）社会工作人才队伍建设推进会精神，指导督促各地加快乡镇（街道）社会工作站建设，实现乡镇（街道）都有社会工作站，村（社区）都有社会工作者提供服务，通过普遍开展社会工作服务，助力打通国家兜底性民生保障政策和社会治理政策“最后一米”，有效解决社会矛盾与问题、促进社区融合、增进社区和谐、满足居民个性化服务需求。围绕全方位培养人才的要求，实施社会工作人才能力提升工程，提升社会工作专业人才的创新能力、应用能力和服务能力。打造社会工作品牌，培育发展有专业、有影响、高质量的社会工作服务机构，指导和支持社会工作专业教育发展。

（作者系民政部慈善事业促进和社会工作司司长）

“十四五”规划下，慈善事业如何高质量发展

何国科

引言

随着我们国家进入中上等收入国家行列，从经济发展阶段这个角度来看，必然会进入公益慈善大力发展的时代。改革开放前 40 年，我们可能解决的是收入问题；富起来以后，我们有更多的企业家、更多的社会公众，他们不仅关注赚钱，而且会考虑自己的人生价值，会考虑如何贡献于社会，服务于社会。而公益慈善就是很重要的一个途径。

《中共中央关于制定国民经济和社会发展第十四个五年规划和二〇三五年远景目标的建议》中，第 42 段“提高人民收入水平”里，明确提到“发挥第三次分配作用，发展慈善事业，改善收入和财富分配格局。”

这句话很短，但是却对慈善事业有了一个新的定位。首先，中央对慈善事业发展的定位非常重要，一定要认真体会，因为它是对未来五年中国慈善如何发展的一个指导。“十三五”期间也明确提到了鼓励、发展慈善事业，那时候对公益慈善的定位是社会保障。到了“十四五”规划的建议中，慈善事业的定位已经到了“第三次分配”的位置上。这是一个定位上非常大的改变。“十四五”规划的建议把慈善事业定位于“第三次分配”，这背后的含义是什么呢？

根据我们国家现在的发展阶段，我国社会主要矛盾是人民日益增长的美好生活需要和不平衡不充分的发展之间的矛盾。那么，发展的不平衡怎么解决？我认为公益慈善，就是去解决发展不平衡、不平均的问题的。公益慈善，就是要在国家的发展、社会治理当中，发挥第三次分配的作用，去解决社会的主要矛盾。所以，国家对社会组织、慈善组织的发展的定位，是非常高的。

随着我们国家进入中上等收入国家行列，从经济发展阶段这个角度来看，必然会进入公益慈善大力发展的时代。改革开放前 40 年，我们可能解决的是收入问

题；富起来以后，我们有更多的企业家、更多的社会公众，他们不仅关注赚钱，而且会考虑自己的人生价值，会考虑如何贡献于社会，服务于社会。而公益慈善就是很重要的一个途径。这些年，我们越来越感受到，一些家族办公室有越来越多的公益慈善方面的需求。所以，未来会有大量的来自企业、个人的社会资金，汇聚到公益慈善领域中，这是一个大的趋势。

目前互联网公益有了长足的进步，大约有 1000 多万网民在网上参与慈善，而有捐赠能力的人应该不低于 1 亿人，也就是说，在国内还可以动员起 9000 万人，这就是未来发展的机遇。对于公益行业、公益人来说，我们要看到，要把握住这个发展机遇。任何领域、任何地方的慈善事业发展，都一定要认识到国家层面，认识到经济和社会形势上宏观的变化。

其次，在这样一个新的发展格局下，对于我们慈善组织的要求是什么。“十四五”时期经济社会发展要以推动高质量发展为主题，这是根据我国发展阶段、发展环境、发展条件变化作出的科学判断。在经济社会领域来说，高质量发展是一个重要的主题，对于公益慈善领域而言也是如此。我们有社会组织 89 万家，基金会 8335 家，慈善组织 7000 多家。在新的国际形势下，社会组织、慈善组织能不能在全球治理当中发挥作用，中国能不能涌现像盖茨基金会这样在全球有影响力的公益机构，这也是我们国家下一步发展战略中的重要部分。

所以，在“十四五”时期，社会组织应该如何实现高质量发展呢？这就要回到当下，我们社会组织，中国的慈善事业，还面临哪些问题。

慈善领域的法律政策存在许多障碍需要消除

2016 年 9 月 1 日，慈善法正式生效实施，但是国务院配套的条例，政府的相关政策，还需要进一步推动去出台。因为具体的条例、政策不出台，很多事情很难开展，很难处理。这是一个现实问题，是民政事业发展、社会组织发展当中一个很大的制度障碍。所以，未来要推动高质量发展，必须要在法律的修订、配套的政策出台上，作出一些突破。

慈善组织公开透明还达不到人民群众的需求

虽然民政部也出台了《慈善组织信息公开的办法》，但是目前有多少慈善组织能够完全按照条例规定，在“慈善中国”官网上做好信息公开呢？这一点也是值得探讨的。对于慈善事业来说，公信力十分重要。但我国的慈善组织建立公信力，还有很长的路要走，这也是实现高质量发展绕不开的问题。以公开透明，回应社会需求，以公开透明倒逼机构的专业化建设。

慈善组织的专业性不强，规范治理能力不够

在公益圈里，经常能听到这样的抱怨，就是我们国家做资助类的基金会太少了。基金会都自己干活，不资助其他的慈善组织去干活。虽然这确实是现状，但同时我们也要进行反思，我们是否有足够能力去承接基金会的项目。

国家谈转移政府职能，是要把政府的一部分职能转移给社会组织。但是，现在有多少社会组织是能承接好政府的职能呢？所以，草根类公益机构一直抱怨没有更多的政策支持、资金支持，但是要反过来思考，自己的机构能不能达到专业性的要求，能不能承接住这些钱、这些责任。核心是看，公益组织的创始人，你是把公益慈善当成一份工作，还是当成了自己的事业，以公益为志业的人，用心，用力，会在一穷二白之下构建起自己的大厦，正所谓，君子忧道不忧贫。

社会对公益慈善的认识还有很多误区

疫情期间，寿光的蔬菜捐赠给了武汉，然后网友就批评，武汉怎么可以把蔬菜给卖了。这个案例笔者印象很深，其实按照慈善法规定，对于那些不易储存、难以运输的物品，可以采取变卖的方式来实现公益价值的。类似的误解其实还有很多，很多民众对公益慈善的理解还停留在初级的时代，一些民众甚至会认为，做公益的人，为什么还能拿工资呢？这种理念、观念，也是需要我们破除。我们应该要建立一个正确的慈善的氛围和价值观，这是全社会要去正视，要去努力的。

慈善人才培养跟不上

任何事业的发展，都需要专业人才。但是，慈善事业的人才目前是跟不上需求的。很长一段时间，政府在制订人才计划的时候，没有把慈善人才作为一个非常重要的组成部分去培养。当然，政府也开始意识到这个问题了。慈善事业是一

个专业的事情，需要专业的人才，而慈善人才需要一个体面的薪水来把公益做好。现在去做公益事业，简单粗暴地给钱反而不是一个好的办法。现在的公益出现了很多新的形式，包括心理援助、法律援助等，不是简单地给钱，而是真正地授人以渔，这都是需要专业人才去做的，专业人才的缺乏也制约了这些事业的高质量发展。

面对这些问题，未来慈善事业在“十四五”规划下的发展，突出的有如下几点。

第一，深入基层，让更多需要帮助的群众真切地感受到慈善。这些年，公益圈高大上的概念较多，真正回归到民众和基层的东西较少。我们一直说，政府对我们社会组织关注不够。对此我们还是要反思，在解决农民工、老年人、儿童等困难群体的问题时，我们社会组织提供的支持够了吗？我们慈善组织能不能在这些问题上给政府分忧呢？慈善组织必须要思考，如何更加深入基层，真正解决群众的问题，让群众真切感受到我们的服务。这就是总书记提到的“以人民为中心”的慈善事业发展理念。

2020 年 12 月 8 日，民政部印发了《培育发展社区社会组织专项行动方案（2021–2023 年）》，从中我们可以明显地看到，未来的慈善事业发展一定会更多地落实到基层，落实到社区，落实到村委会，落实到一个个需要帮助的妇女、儿童、残疾人等。我们需要的是让人民群众真正感受到慈善，而不需要太多概念性的东西。下沉到基层去吧，这一点是下一步慈善事业发展必须更加明确，更加重视的。

第二，不要问为什么资助类基金会少，而要问自己是否足够专业。比如，自己的项目书、项目设计、项目执行、财务、法务等工作，能不能做好，做专业。这些方面的专业性必须要提升，只有完成了这一步，我们的慈善事业才能真正走向一个质的变化。在“十四五”时期，笔者也希望我们有更多地着眼于公益人本身的项目，希望有更多对于项目如何开展的培训，甚至是走出本市、本省，展开不同地方、不同省份之间的交流、学习、分享、体会。

第三，慈善事业发展跟经济基础是有关系的，一个地方的慈善组织如何设计一些慈善项目，从而能够引进省外的慈善资金？这需要我们当地政府、当地的慈善组织一起合力，来引进省外的慈善资金。在商业领域，我们说要营造良好的营商环境。在慈善领域，也要营造一个良善的慈善环境，让全国甚至是国际的，优秀的公益项目，优质的公益资金，能够进入河北，服务于河北的公益事业。

第四，建立地方的品牌性的慈善组织，以形成引领、示范性的效应。每个省、直辖市、自治区已经涌现了一批的品牌性慈善组织，要在当地树立典型，树立标杆，树立品牌性的社会组织，也要进一步支持它做大做强，逐渐带动形成一批品牌性的慈善组织，培养一批领军公益人。有了品牌效应、正面引导以后，才可以为更高质量的发展奠定基础。

第五，要融入全国慈善事业，培育慈善人才。对于地方的慈善组织而言，要融入全国的慈善事业，多外出交流，多学习省外的先进经验，交融互通，通过这些方式来培养我们的慈善人才。

慈善组织一定要做到“顶天立地”。慈善组织作为第三部门，作为一个平台和中间桥梁，我们一方面要“顶天”，另一方面要“立地”。“顶天”的意思是跟党委政府，跟政策，跟党建等要接轨。我们要理解中央的政策，要了解政府对我们慈善事业管理的很多制度。如果我们不了解的话，很难去发展慈善事业。“立地”的意思是要扎根到基层，对第一线的社会需求要了如指掌。一个“顶天立地”的慈善组织，才能真正在整个国家治理，社会治理中承担重要责任，发挥重要作用。“顶天立地”是一个非常好的词，不仅有对中央政策的了解，也有对基层的了解，这是我们慈善组织区别于商业组织最不一样的地方。

（本文节选自2020年12月12日，何国科在2020年河北公益节的主旨发言内容。何国科律师，北京致诚社会组织矛盾调处与研究中心执行主任、北京市致诚律师事务所律师、致诚所社会组织法律服务团队负责人、深圳国际公益学院客座讲师）

社会责任

夫仁者，己欲立而立人，己欲达而达人。

——《论语·雍也》

张謇实业救国思想的时代光芒

正和岛

引言

唯愿张謇及其心系民生教育、实业报国的精神，在当下中国重新闪耀时代的光芒。

2020 年 11 月 12 日，习近平总书记在江苏考察期间，专程前往南通博物苑，参观张謇生平介绍展陈，了解张謇兴办实业救国、发展教育、从事社会公益事业的事迹。

习近平指出，张謇是中国民营企业家的先贤和楷模。在兴办实业的同时，张謇积极兴办教育和社会公益事业，造福乡梓，帮助群众，影响深远。

在 7 月 21 日的企业家座谈会上，习近平总书记就曾以张謇为榜样，劝勉企业家主动为国担当、为国分忧，正所谓“利于国者爱之，害于国者恶之”。

张謇，到底是谁？他为什么一再受到习近平总书记的高度评价？他对当今中国的企业家有什么启示？

为了让社会各界对张謇有更多、更深入和更全面的认识，正和岛梳理了国内 10 位专家学者对张謇不同角度的评价。

唯愿张謇及其心系民生教育、实业报国的精神，在当下中国重新闪耀时代的光芒。

潘岳：张謇的四个标签

张謇第一个标签，是实业救国的民族工业家。这是毛泽东主席提过的。

但若说张謇的首要角色是工业家，则远远不够，他的政治色彩更为浓重。在中国近代史几大政治转折处，他都扮演了关键角色。

张謇第二个标签是“立宪之父”。

清末新政时，他是预备立宪公会的会长、各省谘议局联合会的实际领袖。他第一次将西方议会政治引入两千多年的中央集权政体；他领导发起的国会请愿运动，客观上对辛亥革命的爆发产生了一定的催化作用；他更是民国初年的议会政党领袖，一系列新观念引领政治潮流。

但张謇的政治道路比“立宪”要复杂。他的政治理想，一是现代民族国家的大一统政治文化格局，以及维持大一统的强力政府；二是保证中央权力不沦为私属的宪法，即共和宪政。两者缺一不可。

在张謇创下的令人眼花缭乱的标签之中，最重要的是教育家。这是他的第三个标签。

张謇力主中西合璧的新式教育应从娃娃抓起，应覆盖全社会而不留任何盲点，应从幼儿园、小学、中学、职业教育开始。

他自己生活上至勤至俭，却倾其所有，连续十几年，一口气办了近400所各种门类的基础学校，完成了一个完整的近代国民教育体系。

再回到人们最熟悉的那个老标签“民族工业家”。和其他搞航运、交通、化工、金融的巨子相比，他主要搞轻工业，兼以开垦盐荒治理淮河。

然而，是张謇，而不是那些更成功的巨商，被现代企业家们追溯为精神领袖。因为他主动挑到肩上的社会责任，远远超出了“实业家”和“商人”的身份。

他从来不是想建立一个商业帝国，而是想建设一个理想社会。他所提倡并身体力行的是，企业家不仅要做大，更要做实；不仅要爱国，还要爱社会；不仅要办慈善办公益，还要育平民担责任。

这是士大夫的根本价值观所决定的。而企业家精神加传统士大夫精神正是中华民族近代商道的内核。

（潘岳　中央统战部副部长，国务院侨务办公室主任，
中央社会主义学院第一副院长）

温铁军：堪称中国第一位社会企业家

张謇的伟大之处在于，他开启了中国近代企业的全新类型——社会企业。张謇堪称中国第一位社会企业家。

21世纪全球金融危机发生之后，西方企业界也开始转型强调“企业社会责任”，

即追求社会企业。而张謇在19世纪末抱着“实业救国”目标创办民营企业，一开始办的就是社会企业，一开始追求的就是社会、经济、文化、教育等综合的可持续发展。

张謇所从事的“社会企业”事业主要体现在两个地方：首先，大生公司的发展基础，是与农户家庭经济理性的自觉结合。其次，张謇的大生集团存在的30年中，一直致力于对南通的地方做综合建设。

张謇的大生公司在南通的做法之所以是综合性的，是因为他不想消灭农村和农民，而是带着公司同农户一起现代化。农户传统“男耕女织”的土布纺织业被保留下来，张謇的纱厂成为适合农户织布的中间平台，全产业链在南通当地整合，达到就地转化企业利润，优化本地一级市场；同时投入社会文化的综合建设，实现“教育—实业—公益”三位一体，促进当地资源就地转化为企业资源。

（温铁军　中国人民大学教授、“三农”问题专家）

魏杰：张謇思想对当今中国的三大价值

我曾对张謇先生有两个误解，一是以为他是一个或“左”或右的投机分子，二是以为他是仕途失利了以后才去做官的。

今天我知道，张謇是一个拥护共和与统一的人，但那个时代有统一能力的人不想共和，想共和的人没有能力统一，所以张謇先生才不得已游走其间。张謇是在自己有机会做官或者谋更大个人好处的时候，以官不可为而去做实业救国的。

张先生的事业从培植新主体、发展新金融、重视新技术、培植新人才、建设新供应链着手，他的产业思想、城市主义、文化主张即使在今天看也丝毫不落后。

经过对张謇经济思想的研究，我发现他的思想有三个特征：

1. 信仰工业文明，推动工业化的发展；

2. 信仰城市文明；

3. 信仰企业文明，推崇企业家精神。

张謇创办的企业一开始是股份制企业，接受了现代企业的各种思想，而且强调企业家精神，他的家国情怀非常深，一再强调创办学校的目的不是简单的赚钱，而是社会的责任和国家的责任，他对企业的理解极其深厚。

张謇思想对当今中国的三大价值：

1. 中国必须坚持工业文明的方向，迎接工业化的第四次浪潮；

2. 中国必须加大城市化的发展，城市文明仍然是人类社会发展的方向；

3. 一定要推动企业文明，推动企业家精神的形成。

中国必须坚持推动工业文明、城市文明、企业文明，张謇 100 多年前提出来的三大思想，中国现在还在用而且应该坚持用下去，因为这是长时间积累努力的结果。

（魏杰　清华大学教授、清华大学文化经济研究院院长）

王忠明：张謇照亮了很多人前进的方向

我不知道胡适为何把张謇先生定义成了一位伟大的失败者，在我看来不管张謇的事业后来如何，他的伟大和成功已经固定在那里不能改变了。

因为张謇先生的事业观、人才观、国际观、治理观照亮了很多人前进的方向，也成为那个时代与后来很多杰出人才的世界观与价值观的指引。

（王忠明　全国工商业联合会副秘书长）

罗一民：作为企业家，张謇身上有三个鲜明品质

张謇的一生可以划分为四个阶段：第一阶段，从出生到 22 岁走上社会。第二阶段，走上仕途，22 岁开始，一直到 42 岁。第三阶段，42—62 岁，办企业参与政治，大显身手，事业达到顶峰。62—73 岁，是他人生第四阶段，主要精力放在南通地方治理上。

张謇不管做什么，都是从爱国主义的初衷出发，爱国、救国、报国。纵观张謇的一生，他始终坚持和践行爱国主义政治理想，即使在南通办实业、搞自治，也是为了实现他的政治抱负。正因如此，习近平总书记才称他为爱国主义企业家典范。

作为企业家，张謇身上有三点最鲜明的品质，也反映了近代“苏商精神”：

1. 把救国、济民放在首位。张謇无论做什么都围绕这个宗旨，希望国家强、百姓富，以天下为己任，固守“家国一体、大德为先”的儒家传统。

2. 奉行正确的义利观。借用张謇自己的话说是“义利兼顾、以义为先”。

3. 坚持以德兴商。良好品德是企业家安身立命之本，是促进企业发展和事业做大的保障。诚信守法、忠实不欺在张謇身上得到了很好的体现。

（罗一民　江苏省政协原副主席、江苏国际文化交流中心理事长）

吴晓波：他是我心中排第一的企业家

张謇是中国史上第一位下海经商的状元，他的大生集团一度是中国最大的私人企业，他是中国商绅集团的绝对领袖，他也是清帝退位诏书的起草人。

在过去的100多年里，你若问我心目中排名第一的企业家是谁，我会说是：张謇。当今存世的所有企业家，就精神境界而言，张謇是最值得追慕的人物。

而张謇的破产和去世，意味着士商时代的一去不返，此后中国商界再没有出现如他这样具有公共影响力的全才型人物。

胡适为他的传记作序言，称他是“近代中国史上一个很伟大的失败的英雄”。

毛泽东则说，“中国的民族工业有四个人不能忘记：轻工业不能忘记张謇。”

其实，张謇之不能忘记，又何止轻工业。

（吴晓波　著名财经作家）

袁岳：他在他的时代，做了很多太前卫太不可思议的事

如果我们要对一个四五岁的小朋友介绍张謇是谁，我会试图激发他的好奇心：

他是一个有意思的人，到了40岁还在考试，终于考了第一名；他并没有钱，可是他却办了很多很多的企业；他甚至不会任何一种外语，却让很多外国人愿意从很远的地方来与他一起工作；他的年纪比我们很多人的太爷爷都大，只有不到5%的人会记得自己亲爷爷或者亲太爷的名字，但是他的名字却让很多与他没有血缘关系的人记得。

很多人在研究张謇说了什么或者做了什么，但是他具体说的与做的也许没那么重要，他只是在他的时代，说了做了很多被他那个时代看作太前卫太不可思议的事情。

问题是，我们今天对于自己或者自己的孩子还会鼓励去这么想、这么说、这么做么？如果我们的回答是否定的，这就意味着我们今天的自己还不如一个前清时代的张先生了。

（袁岳　零点有数董事长、飞马旅创始人）

余世存：山是狼山，水是濠河，人是张謇

张謇的事业在当时感动了国人，世所公认，他是中国近代实业史上的第一人。

在1937年中华书局刊行的《中国百名人传》中，首为黄帝，末乃张謇。他事业的一部分至今惠及大众，张謇把南通从一个僻远的小县创造成现代城市，南通以其极富现代意识的建筑规划被当代建筑大师吴良镛教授称为“中国近代第一城”。

有人说：“在这座城市里，几乎每个角落都可以看见张謇时代遗留下来的事业，大至南通的一厂一校，小至南通的一桥一路，均是他个人意志的体现。作为南通事业的缔造者，张謇的印记与南通永远地烙在了一起。”

南通有个说法是“一山一水一人”——山是狼山，水是濠河，人是张謇。人们用文学的语言表达说：“大多数南通人的小学、中学，甚至大学生涯都是在张謇创办的学校里度过的。大多数南通人都至少有一个亲戚在张謇创办的工厂里工作过。”

（余世存　诗人、作家、思想家）

秦朔：他留下的财产让无数富豪羞愧

中国商业史上有本杰明·富兰克林这样的人吗？我的答案是张謇。

富兰克林谱写了费城故事，张謇创造了现代南通，他一生服务的社会领域可能更多。

一人，一企，一城，一文明，求仁者，自然得仁。以一人之力经营南通30年，张謇曾说：“上而对于政府官厅，无一金之求助，下而对于社会人民，无一事之强同。对于世界先进各国，或师其意，或撷其长，量力所能，审时所当，不自小而馁，不自大而夸。”

呕心沥血，直至生命的终点。

在张謇那里，我看到了中国内生的商业文明血脉，他是中国企业家理当追思和学习的精神教父。他们那一代企业家的精神和风范，我们今天继承了多少？

在今天中国商界的滚滚红尘中，当然有敢为天下先的创新者，有埋头踏实的大国工匠，有无数年轻而进取的创业者，但是那种财富骄人、缺乏文化根基和社会责任、以富豪榜排名论英雄的气息，还是非常严重。

什么是社会需要和尊重的企业家？在很多富豪那里，可能从来没有思考过企业和社会的关系，社会责任对他们不过是糊弄公众的公关词语。我感动也庆幸，中国有过张謇这样的商人。他永远和他栖身的土地以及一代又一代的人民在一起。江河行地，日月奔流。他留下的财产让无数人永记心中，也让那些金钱速生而声名速朽的富豪感到羞愧。

（秦朔　知名媒体人、商业文明研究专家）

刘东华：稻盛和夫都难以望其项背

很多人定义的成功在于企业的规模，但我看到了太多有规模的企业家，却在另外一些有格局与德行的伟人，比如稻盛和夫面前显得猥琐。我也看到那些恰恰有了修为的企业家，也许没有人们想象的那么有规模，却让规模做得比他大的日本企业家佩服得五体投地。

我了解了张謇先生，了解他的精神世界与事业格局，我认为是稻盛和夫这样的先生难以望其项背的。

（刘东华　正和岛创始人兼首席架构师）

张謇小传

张謇，字季直，号啬庵。祖籍江苏常熟土竹山。

1853 年 7 月 1 日生于江苏省海门直隶厅长乐镇（今江苏省南通市海门区常乐镇）。

1894 年，考中状元，授翰林院修撰。

1895 年，奉张之洞之命创办大生纱厂。

1912 年，起草清帝退位诏书，在南京政府成立后，任实业总长；同年，改任北洋政府农商总长兼全国水利总长。

1915 年，因袁世凯接受日本提出的《二十一条》部分要求，张謇愤然辞职。

1919 年，建成南通更俗剧场。

1922 年，棉纺织业危机，导致张謇的事业全面崩盘，大生纱厂走向衰落。

1926 年 8 月 24 日，张謇在南通病逝，享年 73 岁。

中国近代实业家、政治家、教育家、书法家，主张“实业救国”，是中国棉纺织领域早期的开拓者，一生创办了 20 多家企业，370 多所学校，为中国近代民族工业的兴起、教育事业的发展作出了宝贵贡献。

（来源：公众号“正和岛商业洞察”）

企业家必须承担社会责任的内在逻辑

徐耀强

引言

· 企业社会经营过程中产生的外部性问题，必须通过企业承担社会责任来解决。

· 企业来自社会，也必须回馈社会，这是一种新形势下的社企关系。

· 企业社会责任管理通过建立企业与社会“双赢”的关系来发展企业的社会价值，有效保护其经济价值，进而成为企业价值活动机制的重要组成部分。

· 企业社会责任与企业经营业绩之间存在正相关关系，企业社会责任履行可以转化为企业长期经营绩效。

习近平总书记2020年7月21日在京主持召开企业家座谈会，强调要千方百计把市场主体保护好，激发市场主体活力，大力弘扬企业家精神，推动企业发挥更大作用、实现更大发展，为经济发展积蓄基本力量。尤其是，在谈到如何弘扬企业家精神时，习近平特别提出“希望大家承担社会责任”，由此引发了广大企业家的强烈思想共鸣。

作为我国经济活动的主要参与者、就业机会的主要提供者、技术进步的主要推动者，企业家和企业必须承担社会责任的内在根据是什么呢？基于企业社会责任管理的实践和研究，本文作者、中国华电集团有限公司党组办副主任（正主任级）徐耀强综合运用经济学、社会学、伦理学、法律学、管理学的多维度、跨学科的当代理论，对企业家和企业必须承担社会责任的内在逻辑，进行了观察和剖析。

维度一：经济学的观察

正如经济学家林毅夫所说：工业革命以后，社会化大生产必然要求社会化的经济组织成为生产活动的主要载体。因此，打破了家庭农场和作坊樊篱的现代企业，就成为工业经济时代到来时组织各种要素进行生产的有效率的组织形式。

然而在社会化大生产过程中，由于企业生产经营过程中的外部性问题客观存在，使企业的逐利活动与社会的整体利益之间可能会产生矛盾。因此，企业必须承担、管理由此引发的社会责任的经济后果。

首先，企业家和企业必须承担社会责任是因其需要为其外部性行为负责。按照福利经济学的观点，企业生产经营过程中的外部性是客观存在的。为了解决这个问题，庇古的理论是通过政府征收“庇古税”来消除这种影响，以此实现社会资源的有效配置和整个社会福利水平的提高。实际上，“庇古税”就是边际私人收益与边际社会收益的差额，但是要解决这个问题仅靠市场机制的作用是无法实现的，而只能通过政府的行政行为或企业的自愿行为来调节才能解决。也就是说，企业社会经营过程中产生的外部性问题，必须通过企业承担社会责任来解决。

其次，企业家和企业必须承担社会责任是因其需要为其契约联合体负责。契约理论认为，企业是各种要素投入者为了各自的目的联合起来组成的一个有效率的“契约联合体”。企业生存和发展的物质基础除了股东投入的股权资本外，还包括债权人在内的其他企业“缔约者”，他们通过一系列显性契约和隐性契约将资源投入企业这一“契约联合体”中，以此进行优化配置并实现自身的利益。也正因为如此，多纳德和邓菲（1994）认为：因为在企业这个“契约联合体中”，每一个契约参与者都向企业提供了特定资源，所以企业必须为每一个契约参与者承担相应的社会责任。

最后，企业家和企业必须承担社会责任是因其需要为其利益相关者负责。企业利益相关者理论认为，企业是一个由企业的股东、债权人、雇员、消费者、供应商等交易伙伴，也包括政府部门、本地居民、媒体、环境保护主义者等压力集团，甚至还包括自然环境、人类后代、非人类物种等受到企业经营活动直接或间接影响的客体在内的利益相关者构成的共同体。利益相关者理论要求，一方面，企业利益相关者必须参与企业社会责任的治理，有区别地承担各自的社会责任；另一方面，企业也必须加强社会责任管理，要切实履行对企业利益相关者的社会责任。

维度二：社会学的观察

社会性也是企业的重要属性。企业作为重要的社会成员，已经深深地嵌入特定的社会结构、社会文化、社会关系网络以及环境、资源关系之中。事实上，企业的发展是经济性与社会性的统一。也就是说，企业要实现自身经济效益的最大化，必须承担相应的社会责任。

第一，从社会交换论的角度来看，企业家和企业主动践行社会责任是一种必然选择。社会交换理论告诉我们，企业作为一种社会主体，它与社会及其他成员时刻都在进行着社会互动，这种互动实际上就是一种社会交换行为。

社会交换论的代表人物彼得·M.布劳曾强调，社会交换过程中人们的选择必须遵守的最基本规范就是互惠规范和公平规范。否则，人们的交换关系就不能维持平衡。按照社会交换理论，企业要顺利实现与其他群体或主体的社会交换，就得遵循公平性与互惠性原则。唯有如此，企业才能保持各种社会交换关系的平衡，使得交换各方各得所需、和谐发展。这就意味着企业在社会交换过程中必须尊重和兼顾其他社会主体的利益，换言之，必须把这种良好互动建立在切实履行社会责任的基础上。

第二，从社会冲突论的角度来看，企业家和企业主动践行社会责任是一种合理机制。社会冲突论的代表人物拉尔夫·达伦多夫认为，社会冲突一旦形成，企图压制和消灭是徒劳无益的，只能通过制度化来调节。冲突论的另一代表人物刘易斯·科塞在其“社会安全阀”理论中强调，外群体冲突可以把“其他方面毫无联系或对立的个人或群体相互联系起来，并把他们带进一个公共社会活动领域”。

事实上，企业通过开展社会责任管理这一“公共社会活动”，可以使得“毫无联系或对立”的各方相互联系起来，互动中协调着彼此关系，从而促进了企业与其外部社会各方的良性互动与和谐发展。

第三，从企业公民论的角度来看，企业家和企业主动践行社会责任是一种高尚追求。企业公民理论认为，社会是企业利益的来源，企业作为社会的一员，必须融入社会群体之中，与各种组织产生互动。企业不只是社会财富的创造者，同时还是社会资源的消耗者。

一方面，企业是社会的细胞，离开社会资源，企业的发展就难以生存；另一方面，企业的生生死死，甚至是被淘汰出局，都需要由社会来承接。因此，企业与社会是一种共生共荣的关系，企业在处理与社会的关系时必须主动承担起应承担的社会责任，把企业的发展融入社会的发展之中。企业来自社会，也必须回馈社会，这是一种新形势下的社企关系。企业在享受社会赋予的资源及机会时，理应以符合伦理、道德的行动回报社会。

维度三：伦理学的观察

在市场经济条件下，企业不仅是独立的经济实体，也是具有独立人格的伦理实体，具有“经济人”与“道德人”两种属性。企业社会责任的最早提出，就是人们对于企业基于期待而加于其身的一种道德责任。

其一，从生产环节来看，企业家和企业必须实现环保责任与质量责任的统一。生产过程，既是人与自然之间的交换活动，也是人与社会之间的交换活动，其双重身份决定了企业的双重伦理责任，即对自然的环保责任和对社会的质量责任。从环保方面来看，企业必须以最小的环境影响和最小的资源投入实现生产效率的最大化。从质量方面来看，企业必须秉承“质量第一”的伦理原则，为社会提供最优质的产品和服务。

其二，从交换环节来看，企业家和企业必须实现公平交易与诚实守信的统一。在现代社会，随着交换关系日益复杂化，以及社会信息流动的不对称性，公平交易、诚实守信已经成为社会交换活动的内在要求和基本伦理观念。在正常情况下，如果不能做到公平交易、诚实守信，显然社会交换活动就不可能顺利发生，更不可能持续发展。事实上，公平交易、诚实守信是企业道德资本的重要来源，是树立企业品牌形象的重要途径。可见，做到公平交易、履行诚信承诺是企业社会责任在交换领域的伦理要求。

其三，从分配环节来看，企业家和企业必须实现市场调节与道德调节的统一。我国当前的社会收入分配方式有两个途径：一是市场主导的初次分配；二是政府主导的再分配。但是，由于市场运行中的“市场失灵”和“政府失灵”，导致了在社会分配上客观上存在着贫富差距过大、困难群体等社会问题。为克服这一弊端，厉以宁教授将基于道德信念的慈善公益事业称之为第三次分配。事实上，它是基于一种内化于社会成员内心的道德共识而自发实施的调节方式。这就要求企业积极参与慈善公益事业，主动承担社会责任、开展社会责任管理，以此促成第三次分配的实现。

其四，从消费环节来看，企业家和企业必须实现顾客满意与消费引导的统一。从某种意义上讲，社会再生产过程能否和谐顺利实现，其必要前提是消费环节能否达到理性与健康。因此，企业在消费伦理方面必须承担双重社会责任，即实现满足顾客需求与引导顾客合理消费的统一。也就是说，企业必须树立以人为本的理念，一方面要坚持需求为导向，根据不同顾客的需求生产多元化的优质产品，不断提高顾客的满意度；另一方面企业要以绿色消费为目标，要积极引导消费者健康理性消费，以避免过度消费行为的发生。

维度四：法律学的观察

肇始于20世纪20年代的企业社会责任理论，如今已被国内外主流观点所认同。从法律学的视角来观察，企业应在追求利润之外，积极承担社会责任的主张，这是具有充分的国际法、国内法根据的。

第一，企业家和企业必须承担社会责任，因其具有充分的国际法条依据。例如，关于企业对于劳动者的责任，早在1919年4月巴黎和会通过的《国际劳动宪章》，便明确了劳动者权益保护的9项原则。

特别是1944年国际劳工组织在美国费城通过的《费城宣言》，对于战后劳工权益的争取目标和原则，作了重新规定。其内容主要包括：基本人权、就业、工作条件、劳动关系、社会政策和社会保障、劳动行政管理、特殊群体和特定职业的权益保障等。

在1998年6月第86届国际劳工大会通过的《劳工权利基本原则宣言》中特别规定，劳工基本权利包括四个方面的内容：1. 结社自由和集体谈判，2. 消除一切形式的强迫劳动，3. 有效地废除童工制度，4. 消除就业歧视。这四项劳工基本权利，主要体现在国际劳工组织的8个“基本公约”中。

第二，企业家和企业必须承担社会责任，因其已被各国立法和司法确立。例如，早在20世纪70年代，美国就有48个州明确支持注册公司可以不通过特别的章程条款来资助慈善事业，试图以法律来促进公司对社会回馈财富，践行自己的社会责任。而自1985年后，美国以宾夕法尼亚州为首的29个州通过法律规定：“经理得考虑非股东利益相关者的利益。”此外，许多发达国家如法国、英国、德国、日本等也先后在各自立法中确立了企业社会责任的理念。

我国2005年修订的新《公司法》，在总则第五条第一款规定："公司从事经营活动，必须遵守法律、行政法规，遵守社会公德、商业道德，诚实守信，接受政府和社会公众的监督，承担社会责任。"这是我国立法中首次通过成文法直接引进"社会责任"，被视为立法创举。

第三，企业家和企业必须承担社会责任，因其具有充分的法学理论基础。法学界几经发展，在企业必须承担、管理社会责任方面已经形成了充分的法学支撑理论。主要表现在三个方面：

一是公司利害关系人理论。这种理论认为，企业各个利益集团在追求社会团结、社会公正、民族的繁荣和生态环境保护等方面有着共同的利益和要求。因此，仅仅保护股东利益，而忽视对公司利害关系人的保护，不仅不合乎社会正义，而且也是对社会生产力的极大破坏。

二是公司作用力理论。现代社会，公司的经济力量不断壮大，社会财富越来越向公司集中。公司在创造巨大社会财富的同时，也衍生了诸如环境污染、欺诈消费者、侵害职工权益、排挤中小竞争者等许多社会问题。因此，公司必须担负起与其社会地位相适应的社会责任。

三是实现社会义务理论。这种理论认为，企业在推动许多社会权的实现上大有可为，如保护公民的环境权益、工作权、消费者权益、劳动者参加公司经营管理的权利，以此从根本上解决失业、环保等社会问题。

维度五：管理学的观察

在实践中，我们不难发现，企业社会责任实践的发展过程，就是企业管理方式不断发展进化的过程。企业社会责任管理是企业管理的重要组成部分。显然，随着企业社会责任理论和实践的发展，它对企业管理的思想和实践正在产生越来越重要的影响。

其一，必须把企业社会责任纳入企业管理，因其是企业发展战略的重要构成。诺贝尔经济学奖得主西蒙（Simon）就曾指出：若要企业战略获得正确的方向，必然需要道德的指引，同时，还因为企业自身经营活动与社会相互作用的领域两者之间有着高度的相互依赖性，所以必须将整体战略与社会责任联系起来。因此，也就必须把企业社会责任纳入企业发展战略，并成为战略的重要构成。

战略大师迈克尔·波特（Michael Porter）将企业社会责任分为反应型和战略型两类。在他看来，反应型企业社会责任主要表现在企业如何做一个良好的企业公民、如何减轻企业价值链活动对社会造成的损害上。而战略型企业社会责任，则是寻找能为企业和社会创造共享价值的机会，包括价值链上的创新和竞争环境的投资。也就是说，企业承担社会责任，是实现自身发展的重大战略选择之一。

其二，必须把企业社会责任纳入企业管理，因其是企业竞争优势的重要体现。企业竞争优势是内蕴于企业组织内部的一种独特的、别人难以在短期内模仿和赶超的优势，它是在企业持续发展中形成的，能为企业带来巨大价值并支撑企业长期发展的能力，是企业核心竞争力形成的基础和前提条件。

迈克尔·波特（2006）指出："企业社会责任其实并不简单意味着成本、约束或者说是慈善活动的需要，而是企业实现创新和提高竞争优势的潜在机会……这样的思维在未来的竞争中将是决定成败的因素。""只有通过战略性地承担社会责任，企业才能对社会施以最大的积极影响，同时收获最丰厚的商业利益。"显然，企业社会责任管理正是通过建立企业与社会"双赢"的关系来发展企业的社会价值，有效保护其经济价值，进而成为企业价值活动机制的重要组成部分。

其三，必须把企业社会责任纳入企业管理，因其是企业良好绩效的重要来源。实践表明，那些将企业社会责任纳入企业管理，在谋求经济利益的同时自觉履行道德义务，对社会切实负责的企业，就可以树立良好的社会形象，提高自己产品和服务的声誉，并为企业带来更多的经济效益。

美国学者的研究就表明：企业承担社会责任的重大价值，往往是通过企业声誉与企业形象、企业品牌以及企业竞争力的作用而对长期经济绩效产生影响。例如，美国 Depaul 大学的 Curtis C.Verschoor 教授等学者在 2002 年进行了一项企业社会责任与企业财务绩效的专题研究。他们将《商业道德》（*Business Ethic*）杂志基于企业对股东、海外投资者、员工、环境、社区、女性、少数民族七大利益相关者提供服务的定量评估标准而评选出的 100 家"最佳企业公民"与"标准普尔 500 强"中的其他企业财务业绩进行了比较，结果是前者的财务状况平均分比后者高出 10%，说明企业社会责任与企业经营业绩之间存在正相关关系，企业社会责任履行可以转化为企业长期经营绩效。

综上所述，我们企业家和企业必须承担社会责任，具有充分的经济学、社会学、伦理学、法律学和管理学意义上的理论依据。毫不夸张地说，承担社会责任是中国企业行稳致远的必由之路，因为在当今社会，企业与社会是一种共生共荣的关系，企业的发展是经济性与社会性的高度统一。明年，我国就将进入“十四五”时期，我们的企业和企业家，你准备好了吗?

（来源：公众号“可持续发展经济导刊”）

中储粮集团公司：
履行央企责任　助力脱贫攻坚

姚惠宇

引言

2016年以来，集团公司主要负责同志及领导班子成员先后30余人次到扶贫点实地调研，与地方党委、政府座谈40余场次，共商脱贫攻坚大计，及时解决帮扶工作中的实际问题。

中国储备粮管理集团有限公司（简称中储粮集团公司）坚持以习近平新时代中国特色社会主义思想为指导，深入贯彻落实习近平总书记关于扶贫工作的重要论述和重要讲话精神，牢固树立“大扶贫”理念，充分发挥中储粮政策收储体系优势，真抓实干、担当作为，有力推动了贫困地区经济社会发展。

扶贫工作开展情况

按照中央定点扶贫总体安排，中储粮集团公司定点帮扶黑龙江省拜泉县、兰西县和新疆维吾尔自治区伽师县。近年来，中储粮集团公司深入学习贯彻落实习近平总书记关于扶贫工作重要论述，发挥中储粮集团公司政策收储体系优势，坚决落实各项脱贫攻坚任务，推动贫困地区经济社会发展。

一是切实提高政治站位，坚决履行央企重大政治责任。中储粮集团公司集中全系统力量和资源，以前所未有的力度落实脱贫攻坚任务。中储粮集团公司成立了以党组书记、董事长为组长的扶贫工作领导小组，认真研究部署定点扶贫工作，将扶贫工作纳入“十三五”和“十四五”发展规划，每年召开全系统扶贫工作会议，与承担定点扶贫任务的分（子）公司签订定点扶贫责任书，形成统筹协调、上下联动的工作格局。建立扶贫调研机制和企地双方沟通协调机制，并作为“不忘初心、牢记使命”主题教育调研重点课题。2016年以来，中储粮集团公司主要负责同志及领导班子成员先后30余人次到扶贫点实地调研，与地方党委、政府座谈40余场次，共商脱贫攻坚大计，及时解决帮扶工作中的实际问题。

二是持续加大扶贫投入，定点扶贫任务全部超额完成。2016年以来，中储粮集团公司围绕“两不愁三保障”，从产业扶贫、教育扶贫、消费扶贫和基础设施建设等方面开展定点帮扶工作，扶贫投入逐年加大。5年间，在3个定点扶贫县共实施定点扶贫项目25个，各项定点帮扶目标任务全部超额完成。此外，中储粮集团公司在各地的各分（子）公司还承担了地方党委政府安排的200多个贫困县、乡、村的扶贫任务。

三是不断完善保障措施，营造合力脱贫攻坚良好氛围。中储粮集团公司通过健全工作机制、选派优秀干部、强化监督落实，不断完善定点扶贫保障措施，动员一切能动员的力量，确保打赢脱贫攻坚战。近年来，先后出台定点扶贫工作指导意见和工作方案，从完善制度、健全机制层面，推动中央各项要求在定点扶贫工作中落地见效。5年来，集团公司共选派13名干部到定点扶贫县工作，全系统500多名干部员工奋战在脱贫攻坚第一线。同时，加强对扶贫干部的关心关爱，落实补贴待遇，开展培训644人次，提升扶贫干部的履职能力。中储粮集团公司将扶贫工作纳入纪检监察监督范围，开展扶贫领域作风问题专项治理。组织开展对定点扶贫项目专项审计，做到阳光扶贫、廉洁扶贫。

经过持续努力，黑龙江省兰西县、拜泉县分别于2019年5月和2020年2月脱贫摘帽，位于“三区三州”深度贫困地区的新疆维吾尔自治区伽师县也已于今年11月中旬退出贫困县。贫困发生率分别由2015年的3.07%、11.3%和24%全部降至0。全系统对口帮扶的300多个贫困县、乡、村也全部实现脱贫。2019年，集团公司获得喀什地区脱贫攻坚奖“协作扶贫先进单位”，新疆维吾尔自治区“脱贫攻坚组织创新奖”。2020年集团公司定点扶贫工作入选《企业扶贫蓝皮书（2020）》优秀案例，获得第三届北京责任展“精准扶贫奖”。

发挥体系优势，构建“大扶贫”工作格局

中储粮集团公司作为全国最大的农产品储备企业，在执行国家粮食收储政策中，与农民联系最紧密、涉及农村人口最多、面对贫困地区最广、粮食收储业务与农民增收最为直接，通过创新大扶贫理念，发挥国家粮食收储体系优势，在打

好打赢脱贫攻坚战中发挥了独特作用。

一是发挥体系优势实施惠农政策。中储粮集团公司坚持完善大扶贫格局，发挥政策收储体系的优势，促进农民增收。针对一些贫困地区农民售粮难题，中储粮集团公司主动对接当地政府和扶贫工作部门，开通售粮“绿色通道”。据不完全统计，党的十八大以来，中储粮系统通过收购政策性粮油带动农民增收超过千亿元，并有效带动地方贫困人口就业。

二是开展产业扶贫促进经济发展。中储粮集团公司紧紧依托自身优势，将产业扶贫作为脱贫攻坚稳定和持续发展的根本路径。为促进拜泉县农民增收，推动当地大豆产业发展，2018 年，中储粮集团公司投资建设了拜泉大豆储备库，当年建设，当年装粮，直接带动农民增收 850 万元。2016 年以来，中储粮集团公司投入帮扶资金 3581 万元，为西藏捐助粮食机械设备、援建当地企业仓储设施维修、开展人员培训、建设面粉加工厂等项目，进一步提升西藏地区粮食安全保障能力。

重点支持深度贫困地区脱贫攻坚

习近平总书记指出：扶贫必扶智，让贫困地区的孩子们接受良好教育，是扶贫开发的重要任务，也是阻断贫困代际传递的重要途径。我们定点扶贫的伽师县属于国家“三区三州”深度贫困地区，是典型的集中连片少数民族聚居区，也是全疆 22 个深度贫困县之一。中储粮集团公司党组按照习总书记指示精神，在多次深入调研的基础上，针对伽师县教育基础条件差、学校少、需要上小学的儿童人数众多等问题，在精准扶贫上狠下功夫。2019—2020 年中储粮集团公司连续两年投入 1.1 亿元在伽师县两个镇新建两所寄宿制小学，解决了近 4000 名学生上学教育问题，有效改善当地教育基础薄弱问题，得到了伽师县和新疆维吾尔自治区扶贫办的高度肯定。当地老百姓说，教育扶贫改变的不仅仅是孩子们的学习环境，更重要的是改变了贫困地区学生的命运。当地干部介绍说，以前孩子们都不愿意上学，现在都争着上中储粮援建的小学。今年年中，在新疆维吾尔自治区疫情防控形势好转的第一时间，集团公司党组书记、董事长邓亦武同志就马上到伽师县进行调研。在集团公司援建的伽师县卧里托格拉克镇第三小学，收到了师生们手工制作的感谢信和签名的感恩横幅。学生们发自内心的“感谢共产党”。今后，中储粮集团公司还将在提升教学质量上制订精准、可持续的方案并抓好落实，切实将教育扶贫的成效转化为阻断贫困代际传递的具体实践。

伽师县地处偏远，交通不便，产业落后，优质的果蔬产品无法卖上好价钱。中储粮集团公司在深入调研的基础上，投资260万元新建一座1800立方仓容保鲜库，成立了农民专业合作社，解决瓜果蔬菜的保鲜问题，通过错峰销售，全村贫困户种植的新梅每斤增收近30%，带动了15个贫困户就业。此外，还投入100万元用于发展贫困户庭院经济，惠及556名贫困群众。当地贫困群众充分感受到党的温暖，有效增强了民族团结。同时，我们还落实国务院国资委倡议的“工装援疆”行动，投入430万元为贫困小学生统一订制校服。一方面通过增加当地纺织企业订单，缓解了新冠肺炎疫情带来的不利影响，增强了当地纺织企业的发展能力；另一方面让少数民族娃娃切身感受到了党的温暖。

加大基础设施投入，贫困村屯面貌焕然一新

长期以来，兰西县广大农村居民饮用水直接取自地下水，水质达不到饮用水标准。按照国务院扶贫办和国资委打赢脱贫攻坚战的有关要求，2019年开始，中储粮集团公司重点解决当地饮用水质量不达标的问题，连续两年共投入帮扶资金2000万元，建设3座自来水厂及净水设备、管网等附属设施，解决了兰西县2个乡、94个村屯4万多人的饮水难题，有效提高了农民生活质量。项目竣工当天，村民齐聚村头欢呼雀跃，欢庆自来水入户，国务院扶贫办《中国扶贫》杂志对此进行了报道。针对拜泉县干部群众反映道路基础设施条件差，影响当地经济发展和村民生产生活等问题，2012年以来，集团公司先后投入帮扶资金1600万元，修建道路16公里，解决7个村2万多人通行问题；修建排水沟7236延长米，入户小桥366座，实施“亮化工程”，安装路灯75盏，村民的生产生活条件得到了极大改善。

大力开展消费扶贫，带动农民增产增收

中储粮集团公司高度重视消费扶贫工作，通过发挥行业优势、展会促销、产销对接、品牌打造、搭建电商平台等方式，积极推动贫困地区特色产品升级，确保贫困群众受益。

一是积极开展产销对接。中储粮集团公司通过组织定点扶贫县参加中央电视

台大型扶贫公益电视节目《手挽手——精准扶贫　央企在行动》节目录制，组织参加中国粮食交易大会、全国粮食行业产业扶贫集中展示，推介定点扶贫县的特色农产品。2019年，集团公司还与中国农业银行签订定点扶贫合作框架协议，为3个定点扶贫县商户提供免费入驻服务，推动产销对接。

二是加强品牌打造。中储粮集团公司积极推介伽师新梅、伽师瓜、伽师杏李入选“熊猫榜”全国优质农产品秋季榜名单。邀请人民网、中新社等媒体到伽师调研、报道，腾讯、头条、凤凰网等全国性媒体进行了转载。组织参加中国国际粮油产品及设备技术展示交流会评比，兰西县特色蟹稻米获得金奖。通过对特色农产品的品牌打造和宣传，助推贫困地区农产品走出去、业务迈出去、品牌打出去。

三是组织全系统共同参与消费扶贫。众所周知，受2020年新冠肺炎疫情影响，贫困地区农产品出现滞销问题。中储粮集团公司党组迅速响应国务院扶贫办、国资委党委等上级有关单位的部署，组织动员全系统共同参与，解决贫困地区农产品滞销问题。2020年以来集团公司已购买贫困地区滞销农产品价值1191万元，购买范围涵盖50多个贫困县。同时，中储粮集团公司第一时间入驻国资委开设的“央企消费扶贫”电商平台，通过食堂集中购买、员工福利发放、直播带货、发动个人购买等方式，加大力度购买贫困地区农产品。平台注册以来，中储粮集团公司在央企消费扶贫平台采购总金额位列平台央企排行榜前列，新华社、《中国扶贫》等媒体进行了报道。

打赢脱贫攻坚战是党中央确定的国家重大战略，也是中储粮集团公司承担的重大政治任务。中储粮集团公司将在国务院扶贫办、国务院国资委党委精心领导下，深入贯彻落实习近平总书记关于扶贫工作的重要论述精神，切实提高政治站位，不断增强“四个意识”、坚定“四个自信”、做到“两个维护”，把持续巩固脱贫攻坚成果、推动帮扶县经济发展作为应尽之责和分内之事，接续做好脱贫攻坚与乡村振兴的有效衔接，切实履行好中储粮集团公司的政治责任和社会责任。

乡村振兴

仁远乎哉？我欲仁，斯仁至矣。

——《论语·述而》

认识乡村存在价值
全面理解乡村

朱启臻

引言

任何事情都有其自身发展规律，乡村也不例外。

对乡村的认识要从密切联系不可分割的体现生产、生活、生态、社会、文化、治理等价值的乡村有机整体来思考。

《中华人民共和国乡村振兴促进法（草案）》（以下简称《草案》）发布，引起了全社会的关注，人们以极大的热情和兴趣参与讨论，表达对乡村未来的期望。笔者认为，总的来看，乡村振兴促进法对促进城乡融合发展、实现乡村振兴具有重要意义，但就社会各界对草案内容的反应来看，目前尚未形成对乡村价值的一致认识。

对乡村价值的系统认识　是制定乡村振兴促进法的前提

就目前人们对乡村的认识状态而言，迫切需要开展深入的乡村价值讨论，只有对乡村存在价值形成一致认识，才能为乡村振兴促进法奠定深厚的理论与认识基础，才有助于在全社会形成振兴乡村的共识，避免对乡村的建设性破坏。根据我们的研究，对乡村的认识要从密切联系不可分割的体现生产、生活、生态、社会、文化、治理等价值的乡村有机整体来思考。

乡村是为乡村生产而存在的。乡村在漫长的成长过程中，发展出一系列适应生产的功能，种养循环的农业模式，包括乡村手工业在内的庭院经济，离开村落就失去存在的前提。当前大力提倡的发展融合产业，乡村是最重要的融合要素，没有了乡村，或者排斥乡村，就不可能有真正意义的乡村融合产业。

乡村又是重要而独特的生活空间。乡村生活的特点，一方面体现为自给自足、低成本的消费方式；另一方面体现为与大自然节拍相吻合的生活节奏，同时还体现为熟人社会群体交流和娱乐活动。乡村被认为是活到老干到老的生活空间，可以满足人们多种心理需要和健康需求。

乡村生态价值是显而易见的，无论是村落选址、民居建造，还是农业生产、资源综合利用，抑或是人们的生活方式，都充分体现着天人合一的理念，是实现有机循环的重要节点，是人们理解生态文明的模板。汲取乡村生态智慧建设乡村，是实现生态宜居目标的条件。

乡村的社会功能不仅在于容纳就业，解决生计，还在于家庭、家族、邻里、村落共同体等维系了乡村社会的稳定，奠定了中国社会结构和人际关系的底色。此外，乡村的社会功能还体现在作为社会危机的缓冲器和避风港，有化解和缓解社会危机的功能。乡村长期形成的尊老爱幼、邻里互助等品质对和谐社会构建发挥着重要作用。

乡村的文化传承与文化载体价值最为突出，也是最容易被忽视的方面。我们常说乡村是文化宝库，如地方品种、种植制度、耕作方式等与生产有关的农业文化，编织、酿造、美食等乡村手工艺文化，与消费有关的衣食住行、婚丧嫁娶等习俗和生活方式，与信仰有关的自然崇拜、祖先崇拜以及各种禁忌，雕塑、绘画、歌舞、地方戏曲、民族体育等民间文学艺术，乡村文化形形色色、数不胜数。乡村文化是民族凝聚的基础，是中华民族精神家园的组成部分，对人的心理和行为无时不在地施加着潜移默化的影响。

中央强调国家治理的现代化，提出要构建自治、德治、法治三治融合的乡村治理体系。乡村具有独特的自治条件，保留着自治的传统，同时具有丰富的德治资源，特别是乡村结构所产生的天然的教化作用，为乡村善治以及整个社会治理现代化提供了宝贵资源。

乡村价值存在于乡村的空间结构、社会结构和文化结构中，它是其他社会空间难以替代的。如果乡村遭到破坏，相应的乡村价值就会丧失。

乡村振兴促进法需要明确如何建设乡村

如何建设乡村或建设什么样的乡村，是乡村振兴促进法必须回答的问题。任何事情都有其自身发展规律，乡村也不例外。但是乡村规律是什么，很多人并不清楚。简单说，乡村成长过程始终遵守两个基本维度，一是适应生产；二是方便生活。考察传统村落，我们会发现，错落有致的乡村如此精致，正是因为每个农户建造自己宅院时，都会考虑自己生产和生活需要，同时顾及邻里的需要。这就是乡村发展规律。乡村要适应种植业、养殖业、手工业和农产品加工业发展的需要，就逐渐形成了集生产、晾晒、贮存、加工为一体的农家院落。为了方便生活，就有了自给自足条件，形成了邻里交往、互助的空间结构，有了供村民娱乐的公共空间。乡村的诸多功能均是在此基础上派生出来的。促进乡村振兴，必须深刻理解乡村生产发展与乡村生活密不可分的关系。

因此，乡村振兴促进法要明确两个方面的内容，即禁止什么和鼓励什么。禁止的内容是为了保护乡村，如果连乡村都保护不了，谈何振兴和促进。按照乡村自身发展规律建设乡村，就不能想当然地拆村并居，就不能强制农民上楼，就不能让农民远离土地，就不要消灭农家院落，就要维护好乡村千百年来形成的村落肌理。因为，乡村的空间结构决定乡村的社会结构，进而决定了乡村的文化结构。乡村空间结构遭到破坏，皮之不存，毛将焉附?

乡村振兴促进法所鼓励的内容要落到实处，需要有刚性的规定，而不能停留在原则上的号召，必须减少前后矛盾和模棱两可的表述，如产业发展中培育新型经营主体和建设产业园区是什么关系，壮大集体经济与稳定农户经营是什么关系，破除陈规陋习、推进移风易俗与传承优秀文化又是什么关系，哪些属于陈规陋习，如何才是移风易俗，都必须有明确规定，否则就会出现对乡村的建设性破坏。

既然是乡村振兴促进法，就要以乡村的视角，站在乡村的立场来思考问题，要明确法律界限，如完善粮食流通、储备体系，确保谷物基本自给、口粮绝对安全等，实际上超出了乡村振兴促进范畴，应该从建设什么样的乡村才有助于国家农业安全的视角出发来表述，而不是颠倒过来。

乡村“五大振兴”内容是融合在一起的，只能作有机整体来体现，不能孤立理解，否则就会出现促进一个方面振兴的同时又为另一个方面振兴设置了障碍的现象。

乡村振兴的主体必须是村民

乡村振兴促进法要明确谁是乡村的主体，谁是乡村振兴的主体，谁是乡村振兴受益主体。对这个问题的认识目前分歧较大，各地出现的以乡村振兴名义强制农民流转土地、利用各种手段诱逼农民上楼、农业生产和工程建设过程排斥农民等现象较为普遍。《草案》中明确阐述了要“坚持以人民为中心，尊重农民主体地位和首创精神，充分调动农民的积极性、主动性、创造性，切实保障农民的物质利益和民主权利，走共同富裕道路”，这是非常重要的原则。乡村振兴促进法在如何体现农民的主体地位，对不尊重农民主体地位的行为该如何遏制，对伤害农民利益的行为如何惩处等方面，应作出具体规定。

农民比任何人都知道自己需要什么，任何其他主体都不能取代农民的主体地位。政府是乡村振兴的责任主体和投入主体，为乡村振兴提供政策和财政支持，为乡村振兴培养建设人才，消除影响乡村振兴的体制机制障碍，实施乡村规划和监管，支持和保障农民自己建设自己的家园，而不是替民做主。只有利用法律手段优化乡村发展环境，保障农民成为乡村振兴的建设主体和受益主体，乡村内生动力才能被激发出来，乡村才能获得活力，并实现可持续发展。我们相信，在中央乡村振兴战略的指导下，经过社会各界的努力，乡村振兴促进法一定会成为促进乡村进步的重要力量，为乡村振兴提供重要法律保障。

（来源：《小康》2020 年 8 月下旬刊，
朱启臻，中国农业大学农民问题研究所所长）

陈统奎与“故乡再造”

哲 文

引言

在海南省海口市秀英区有一个古村落叫博学村，仅有300余人，这是陈统奎的家乡。2009年之前，贫穷、落后是许多人对这片土地的记忆。“村民住的是十几平方米火山石砌起来的平房，家中要是来个客人，晚上连落脚的地都没有”，陈统奎说，“但6年之后，200平方米的大房子已是常态。”

在很多人看来，这种改变或许与博学村的新农村生态建设不无关系。而说到博学村的“故乡再造”，又不得不提陈统奎的故事。

2001年，作为村里第一个跃出“农门”的大学生，陈统奎手中握着全村人凑的学费，离开小岛去念书。2004年大学毕业后，陈统奎先后进入《新民周刊》《南风窗》担任记者，在许多人看来，这是一份令人羡慕的职业，但他心里仍然记挂着遥远的那片土地。

2009年，陈统奎去台湾参访桃米生态村。在那里，陈统奎仿佛看到了自己故乡的影子。改造前的桃米生态村和博学村一样，贫穷、落后。但在一对记者夫妻的带领下，昔日的山村如今已经成为台湾的重要生态社区营造和乡村休闲旅游目的地，一年吸引超过50万人次的游客，仅旅游收入一年就有2200多万元人民币。这给同样身为记者的陈统奎很大的震撼，他觉得，自己也可以为家乡做些什么。

陈统奎真的回去了。借鉴日本和中国台湾地区的社区营造经验，他组织村民选举产生博学生态村发展理事会，跟政府争取了一些资金，组织村民铺水管、电网、铺路，风风火火地开启了整个村庄的再造之路。

有了水有了电，然后呢？他想到了民宿，要吸引游客进来，得有地方让人住。随后，他又请来韩国艺术家，在村里住了20多天，在村头村尾留下了很多关于蜜蜂的雕塑。他希望以后人们提到蜜蜂，就能够想到海南岛上有个“蜜蜂共和国”。

“一来二往，外出打工的村民都纷纷返乡。生活也好了起来，最重要的是对生活有了信心。”陈统奎回忆说，当初村里修自行车道没有钱，只能出面向村民借。而如今，村里准备翻修老村门，光是村民们就主动筹款4万多元。

如今，博学村已然成了一个乡村休闲胜地。2014年，陈统奎又创立了“火山村荔枝”品牌，带领返乡大学生团队，出售村里不使用化肥、不使用除草剂、低毒低度地使用农药的古法种植荔枝，市场售价曾高达66元一斤，这让博学村一批荔枝农户走上了脱贫致富的道路。

这样还不够，陈统奎还跑到了LV店、苹果手机专卖店旁边请大家吃荔枝，在他看来，这都是“和消费者谈恋爱”，靠文化创意去做农业价值的提升者，用真诚换消费者真诚的心。

2014年，“Farmer4农业创新”获得了责任中国公益盛典年度公益行动奖，颁奖词这样写道：公益界的F4，农业创新，再造故乡，脱去灰头土脸的落后躯壳，留住乡土文化的价值内核。以突破传统的营销，倡导传统生产模式的回归，以消费的物质力量，支撑对故乡的情怀与坚守。

但陈统奎和博学生态村的故事还远远没有结束。他想把品牌农业的事业做大，把村里所有的大学生都招进来，变成一个真正的大学生创业团队。陈统奎这样描述着自己心中的“理想国”：把博学村打造成一个结合有机农业、生态保育和休闲体验的教育基地。他说，他愿意用一生的时间去探索。

（来源：《浙江日报》2015年12月29日）

重构乡村是我们的使命

最美乡村

引言

不是把农民留在那里就叫留住乡愁，而是要把那些文化、文脉和集体记忆保存好，并让他们过上现代文明生活才能够真正保护好乡愁。

乡村急需文化的整治和精准治理。缺乏文化特色和就业机制是中国农村凋敝的主要原因之一。

社会精英返乡潮

按照全球化过程看，发达国家都有这样一个现象，即是社会精英群体要重返乡村去参与治理乡村、参与乡村建设的过程，而我们在实践中开展的乡村规划、设计和村落的精准保护，就是参与乡村建设的一个具体步骤。

20世纪七八十年代以来，英国、法国、德国、日本和韩国都有这样的一批知识分子走到乡村去，参与乡村的改造、参与乡村的文化重建、参与乡村的新文化运动。

在中国，特别是20世纪的二三十年代，晏阳初办的农民夜校、农民学校等也就是这样的意思。但那个时代战火连连，日本侵略逼近，注定了他不可能去真正能够改变农民、改变当时积贫积弱的社会现实。

而到今天，我们改变传统乡村、改变农民生产方式、改变农民的生活方式，让他们有走向城市文明的价值取向，有一种生活着的人生终极价值追求的价值意向，必须去重构乡村的文化根底、重构乡村的新文化形态。

四种乡村文化重构模式

中国台湾地区和日本有成功的典型案例，如日本古川町等，很多大学教授、工程师在乡村一做就是几年甚至十几年，如台湾宜兰学者搞规划、建设，甚至参与地方治理。

在中国浙江的德清莫干山一带兴起的洋家乐，就是城市精英下乡推广城市文明成功案例。城市精英返乡，建设新型的城市生活方式、类城市生活空间，包括新型的咖啡馆、新型的客栈、新的产业模式，最关键的是带来了新型的生活体系和价值取向，也改善和提高了当地人的生活质量和水平。

从中国城市化过程中可看到已经具有显性化的四种乡村文化重构模式：一是浙江德清的“洋家乐模式”，外国人和大城市里的文化人、学者和“文青”一代主动下乡建设乡村的案例；

二是浙江“安吉美丽乡村建设模式”，已经创造了完整经验和建设模式，表现十分充分；

三是“南京高淳桠溪国际慢城模式”，以福民富民为核心，以农民就地城市化为特点的一种发展方式创新模式；

四是安徽黟县碧山模式——即通过老宅基地的流转创造一种新型区域旅游和保护乡愁的模式。

当下，北京、上海、南京、杭州及安徽的一些有能力、有文化、有品位的文化人、知识分子和有投资能力的“知本家”到那里去重构乡村的文化，重构地域文化和城市文化的生活方式，如很多书院的兴起就是一例。

把农民带进现代文明

让农民变成市民，是一个漫长的教育和习得的过程，改变他们的方式有二：一方面是让农民先到城里来，参与城市建设，接受城市文明；另一方面是城里人到乡村去，重构乡村的文化自觉，创造城镇型农业，推进乡村的城市文明建设运动，即新型文化动力。

真正来解决中国的现代化的问题，就必须解决中国的短板问题，而中国的短板问题就是农民问题、农村问题和农业问题，现阶段的表现就是空心村问题和留守老人和儿童问题。

这些被闲置的空心村浪费了大量的土地和资源，而且某些地方的空心村不仅仅是无人村，甚至使农村的经济文化呈现出文化沦陷的地步，因此说，乡村急需文化的整治和精准治理。

另外，除了我们看到的城市生活方式普及之外，还要看到有些地方城乡二元结构在深化的现实，这些地方不仅经济发展上成为欠发达地区，更重要的是，在农村文化上的低俗化方面，甚至呈现大面积“文化坍塌”现象。因此，我们必须说，我们这一代知识分子，有责任必须把农民带进现代社会、带进现代文明。

我们强调通过特色文化乡村建设，有农村建构一种就业和创业机制，特色村镇是一种发展切入点，全世界有50万个乡村，发达国家60%都有特色文化和产业，而中国不到20%，缺乏文化特色和就业机制是中国农村凋敝的主要原因之一。因为在经济较落后地区的一些乡镇，几乎无业可就，没有就业机制，农村的再发展是很难的。

所以给农民创造就业的机会，就回归乡村建设、回望乡村的核心和关键点，而要解决此类问题，必须走新型城镇化道路，走都市农业的道路，给农民以新生的机会。

重构乡村文化

如何重构乡村?

意大利一个小镇，让人感觉非常亲切。人们都把住在一个小镇里看成是一种荣耀、一种世家传承的指向。

实际上，在发达国家已经证明了这样一个问题，不是把农民留在那里就叫留住乡愁，而是要把那些文化、文脉和集体记忆保存好，并让他们过上现代文明生活，才能够真正保护好乡愁。

那么，乡村的乡愁通过什么来建构呢?就是尽可能把所有的乡村特色化、差异化，而不能出现“万村一面”的现象。

比如欧洲的一些小镇，有的卖巧克力、有的卖旧报纸、有卖老爷车的、有卖书的、有卖特色餐饮的，等等，特色产业不一定就是工业，更多的是文化，是历史。

所以我们强调的保护就是原文化、原生态、原住民、原习俗、原风貌和原地点精神，我们必须从这一意义上理解，乡愁才可能去伪存真，取其精华，去其糟粕。

看看美国的小镇建设，有资料说美国60%以上的人住在中、小城镇里，在洛杉矶周边有 80 多个村镇构成一个生存体系，小城镇是生活的居住地，不是落后的农村，而是景观优美、设施齐全的生活共同体。

但是我们中国的很多落后农村现在污染特别严重，有几种污染：一个是河水的污染，一个是生活垃圾的污染，一个是农药的污染还有工业污染。特别是生活方式落后造成各种各样病症的发生，几乎每个省都有一些比我们想象的还落后的地方。

文化重构，主要是找那些优秀的空间、优秀的地域精神，找那些值得传承的集体记忆来进行重构。

重要的还是必须通过新型城镇化、现代科技、现代文明、现代城镇系统和现代科技农业把小城镇纳入大中城市的网状地域结构中来，像上海、苏州、无锡的郊区那样，让城市文明普及到乡村，这样，乡愁的文化和农民的现代生活空间体系才能成建构起来。

文化重构本质上就是让农民市民化，让他们受教育、有价值取向、集体良知，像费孝通当年讲的“在底层形成文化自觉、形成乡村的文化自觉”，所以我们也提出从乡村文化自觉到城市文化自觉的发展路径，是现代乡村文化建设的必由之路。

（来源：公众号“最美乡村”）

社区慈善

己所不欲，勿施于人。

——《论语·颜渊》

50 万事实孤儿的困境：家庭难以抚养，政策还未保障

秦宽

引言

在提供事实孤儿情感陪伴的这些年，康勇忠始终觉得，民间机构力量薄弱，情感支持作为帮扶事实孤儿最重要的一环，执行难度也最大，相关专业人士也最缺乏。他指出，政府需要出台政策覆盖这一环，可向具有正规资质的民间机构购买专业服务，或安排儿童主任，关注孩子内心的成长变化。“这只是一个方向，未来还有很长的路要走。”康勇忠说。

当同龄人还在吃喝玩乐的时候，8 岁的西西却面临一个巨大困境——她无法确定自己是不是孤儿。

西西出生于湖南，在长沙周边的小村庄长大，由奶奶抚养。父母未成年时生下她，却又匆匆“逃离”。父亲 19 岁那年，突发脑出血身亡。曾打算将西西养到 3 岁才外出务工的妈妈也突然变卦。丈夫死后两个月，她就离家出走了，留下西西与奶奶相依为命至今。

现在，8 岁的西西想要一个身份，却发现自己变成了一个“谜题”。

在中国，像西西这样的儿童被称为“事实孤儿”—— 一群父母没有双亡，但家庭没有能力或没有意愿抚养的儿童。2019 年，民政部公布数据称，全国范围内的事实孤儿共计 50 万。他们的父母或重残、重病，或服刑在押、被强制隔离戒毒，或一方死亡或失踪，丧失抚养子女的能力。

2020 年 1 月 1 日，由民政部、教育部、公安部等 12 个部门联合出台的《关于进一步加强事实无人抚养儿童保障工作的意见》正式实施。这是针对事实孤儿议题国家层面首次出台专门意见，将事实无人抚养儿童正式纳入政府制度性救助体系。

但西西却被拦截在门外。母亲改嫁后一直未出现，却在不久前给西西寄过一

次生活必需品。这个突如其来的关爱却把西西推向边缘——它证明了母亲的存在，使西西在制度上不被认定为“事实孤儿”，换言之，她无法接受面向事实孤儿的政府援助。

西西的救助方——大爱无疆公益文化促进会（以下简称“大爱无疆”）秘书长康勇忠估计，全国范围内，像西西这样的事实孤儿大约30万人。他们父亲过世，母亲改嫁，大部分与老人相依为命。但政策的“一刀切”，却隔绝出了一个“很大很大的群体”。“（它）将母亲改嫁的这一类儿童全部剥离在事实孤儿政策之外，这是很不合理的。”康勇忠说。

分别

西西只有3个月大时，家里的变故就来了。19岁的父亲暴发脑出血。处理完儿子的后事，奶奶很快向17岁的媳妇黄静作出安排：孙女还很小，你不要走。我每个月给你300块钱，把女儿带到3岁吧。

黄静点了头。当时，黄静未成年，她没做过妈妈，没给孩子把过尿、喂过奶。两个月内，她的生活一团糟，和婆婆不断起争执。有一天，她终于熬不住了，什么也没说，抛下了尚不足半岁的西西，不知所踪。

其后8年，西西和奶奶平淡地生活在这个小乡镇，她没有爸爸妈妈，看见同龄的小伙伴一家三口其乐融融时，她问奶奶：“妈妈在哪里啊？”奶奶语气怨恨：“你妈不要你了。”

2015年，当康勇忠和同事探访西西家时，他还能感受到这个事实孤儿的脆弱和无助。“她不敢说话，很胆小。”康勇忠让她填心理评估问卷，西西把整个身子躲在了奶奶后面，头刚刚从老人的腋下探出来，又小心翼翼地躲开了。整张心理评估问卷，西西只答了一半，在愿望一栏中，她写下：我想见自己的妈妈。

当时，康勇忠担任“大爱无疆”的秘书长，常常到湖南各乡镇寻访事实孤儿。在湖南省未成年人劳教所探访的一次经历告诉他，劳教所里这些孩子大概率犯了重罪，比如抢劫、杀人、贩毒。

“他们要么就是事实孤儿，要么就是父母闹离婚对孩子不管不顾。”康勇忠说，破碎的原生家庭提早终结了他们的童年，彻底改变了他们的社交圈。

“他们经常到网吧，两三天不回家。社会上专门有人盯着这些小孩，知道不回家的他们肯定没人管，就带他们去上网，请他们吃饭，给他们买小礼物。”经不住诱惑的小孩会顺从这些人的话，去偷、去抢、去贩毒，直至坐进监狱。

2019年，中央电视台《新闻调查》作过一期有关事实孤儿的跟踪报道，报道揭示了2017年陕西渭南警方侦破的盗窃案。窝点在一片鲜有人踏足的荒地，上面散落着破旧的电脑、牛奶、散盒的烟，荒地的角落是一处罪犯聚集点。

警方发现，犯案者全是事实孤儿。记者问其中一位犯案者亮亮的爷爷，知不知道孙子在偷窃？爷爷很平静，说没人管的小孩就是这样。爷爷还透露，亮亮的父母在其一岁半时就已离婚。离婚后，母亲再无音信。有一天，外出打工的父亲打电话回来，说：“我已经在外面成家了，还有了一个孩子，就这样吧。”

无奈

从2012年成立至今，“大爱无疆”持续帮扶事实孤儿。他们从助学、环境支持、成长陪伴、营地体验和政策倡导五个方面入手。经验丰富的康勇忠知道，当其他四项做足做尽时，依然无法弥补“成长陪伴”的缺位，而母亲的陪伴则在所有陪伴中重中之重。“（孩子）对母亲的依赖是天然的。”而缺少这类支持的孩子往往会自卑、自闭，阴影伴随一生。

这些年，康勇忠始终不放弃为西西寻找妈妈这一最重要的情感支持。康勇忠从村干部那里打听到黄静的下落。2012年出走后，她前往长沙市里打工了。随后又改嫁，嫁进离原来家庭20公里外隔壁镇的一户人家。可好日子没过几天，问题又来了。

“你现在是什么情况？”第一次接触黄静时，康勇忠听到电话那头的女人在哭泣。

彼时，黄静刚刚遭遇丈夫的家暴，从丈夫家中逃了出来。她躺在床上一边哭，一边说：“我想要离婚。”

2012年改嫁后，黄静又生下一个孩子，她没有工作，在家中的地位很低。婚后，夫妻双方因为养育儿子的观念不合，矛盾激烈，丈夫常常什么话都不说，就将她一顿暴打。站在一旁的公公婆婆不出声，有时会和儿子一起打她。

黄静想过要离婚。可康勇忠带着黄静在长沙市妇联寻求专业律师意见，威胁短信来了：你要离婚，就干掉你全家，说你在外面做婊子，我要把这些公开，让你永世抬不起头。律师去调解时，丈夫坚持不离婚，要求黄静每个月交 800 元的抚养费。“500 元行不行？”丈夫没答应，最终婚也没离成。

黄静不是没有想过要回到原来的家庭找女儿。但早年的不辞而别在西西奶奶心中留下怨恨挥之不去。黄静知道，在老家，西西奶奶逢人就说她冷血没感情，女儿那么小，只有蛇蝎心肠的女人才会把女儿抛下。

黄静不知道怎么办。

困境

这种进退两难的境地也投射在西西身上。

现行《关于进一步加强事实无人抚养儿童保障工作的意见》规定，只有两类儿童被认定为事实孤儿——父母服刑或吸毒，子女无人看护照顾的，以及父母均属于重度残疾，丧失劳动能力的。像西西这类，父亲一方过世、母亲改嫁的则不被算在内。

而只有在官方所认定的父母亲失踪两年以上，并去公安机关报备的，以及失联半年以上、做过信息登记的，其子女才能纳入事实孤儿的保障政策。每月享受 475 元的补助，被划入贫困标准内的，则可享受每月 950 元补助。但补贴标准各地标准不一，往往按当地的财政状况而定。

这就导致了一个问题。“每一个地方的民政部门的负责人，或者说民政的领导，对于政策的解读不同，也会导致事实孤儿没有明确的认定标准。”康勇忠希望，国家能出台统一标准，资金由中央拨付，切实保障事实孤儿的权益。

过去 5 年来，康勇忠一直希望事实孤儿保障制度能进一步完善。2012 年后，“大爱无疆”就一直邀请长沙市人大代表、省政协委员写提案，呼吁国家出台关于保障事实孤儿利益的专项意见，其间不断得到官方的积极回应。

2020 年 1 月 1 日，《意见》出台后，康勇忠发现申请表格中，在父母单亲状态一栏中，只有“失踪”“失联”选项，西西这一类母亲改嫁的儿童不被纳入政策范围内。

尽管西西的母亲健在，但因为其再婚后成立新家庭及自身经济状况等原因，她确实无法承担抚养女儿的义务。康勇忠解释道，一般事实孤儿的生母会二婚，而在农村的婚姻市场中，这样的女性选择往往不多，“能找的不是丧偶，就是农村的光棍”。

再婚后，为了稳定婚姻关系，她们往往会与现任丈夫诞下第二个孩子。也因此，她们无暇照顾前一个子女。更重要的是，女方往往因为家庭琐事无法工作。经济地位直接决定了她们对生活的主导权，“没有很多钱，你根本无法抚养从前那个孩子。”

“所以，黄静无法照顾女儿是多个原因导致的。”康勇忠说。

团聚

经济实力成为改变西西困境的重要推力。“大爱无疆”介入西西的案例后，第一件事就是鼓励和援助黄静找工作。在长沙，她成了一名收银员，月收入3000元。随着警方的介入和关注，丈夫一家的家暴也偃旗息鼓。

有空的时候，黄静会带着西西与另一个她陪伴成长的孩子一起滑雪、吃火锅，加强亲子联系。而当西西越来越开朗后，奶奶对黄静的怨恨也在慢慢减少。最近一次见面发生在不久前，黄静给女儿买了礼物。临走的时候，女儿抱住黄静，哭个不停。

问题并没有终结。在提供事实孤儿情感陪伴的这些年，康勇忠始终觉得，民间机构力量薄弱，情感支持作为帮扶事实孤儿最重要的一环，执行难度也最大，相关专业人士也最缺乏。他指出，政府需要出台政策覆盖这一环，可向具有正规资质的民间机构购买专业服务，或安排“儿童主任”，关注孩子内心的成长变化。“这只是一个方向，未来还有很长的路要走。”康勇忠说。

（来源：《南都观察》2020年7月）

浙江：公益培训点多面广
老人越来越“智慧”

林乐雨

引言

早在 2015 年 3 月，浙江省温州市老年活动中心就启动了“一对一、手把手”老年微课堂公益培训项目。5 年来，该项目已开办 160 多场，培训老年人近万人次。通过 5 年多来在“智慧助老”上的不断探索，现在越来越多的温州老年人加入智慧生活的浪潮中。

第 45 次《中国互联网络发展状况统计报告》显示，截至 2020 年 3 月，我国 60 岁及以上网民占全体网民比例的 6.7%，人数约为 6056 万人。而国家统计局数据显示，2019 年我国 60 周岁及以上人口 25388 万人。照此推算，老人里与互联网“绝缘”的不在少数。

但事情也有另一面。记者查看了更早之前的统计报告，2018 年 12 月和 2019 年 6 月，我国 60 岁及以上网民占比分别为 6.6% 和 6.9%。也就是说，近两年，老年人“触网”比例未有太大波动。然而，就在距离第 45 次统计报告发布 3 个月后，第 46 次《中国互联网络发展状况统计报告》显示，截至 2020 年 6 月，我国 60 岁及以上网民的占比达到 10.3%。互联网正加速向中高龄人群渗透。

由此可见，老年人并非排斥新技术不愿学，而是缺乏学习的动力和渠道。因此，弥合数字鸿沟，既需要代际支持，也需要社会共同努力。得益于浙江省各地对“智慧助老”的重视，越来越多的老年人正享受数字生活带来的便捷。

公益微课堂：从 30 人到上万人

温州市杨府山公交站边，63 岁的石中玉和朋友一起等待公交车。车迟迟未到，不少人脸上露出焦急的神色，石中玉却气定神闲。原来她早就通过手机上的“掌上公交”App 了解到了公交车的行驶动态。石中玉是朋友们眼中的新潮老人，淘宝购物、微信抢红包、租用共享单车，样样玩得转。

“这得感谢老年微课堂公益培训的老师们。”石中玉对记者道出自己的秘诀。

早在 2015 年 3 月，温州市老年活动中心就启动了“一对一、手把手”老年微课堂公益培训项目。5 年来，该项目已开办 160 多场，培训老年人近万人次。通过 5 年多来在“智慧助老”上的不断探索，现在越来越多的温州老年人加入智慧生活的浪潮中。

不过，回忆起第一期“老年微课堂”开班时的情景，温州市老年活动中心的廖德利老师却说，没想到这个班能坚持办下来。

“全班只有 30 个学员，老师也只有我一个人。”廖德利说，而且讲课过程也遇到了一些阻碍。

当时开课后，廖德利主要是教授老人如何使用微信发信息、发语音，怎么拍照、修图。但几堂课下来，问题显现出来。

“个体差异非常大，统一的公开课达不到效果。”廖德利说，有的老人之前已经掌握了一些智能手机的使用基础，但有的老人除了打电话，对于手机的其他功能一窍不通；年龄小一些的接受能力较强，年纪稍大的常常是刚说的知识点转头就记不清了。

对此，温州市老年活动中心迅速调整教学思路，与浙江工贸职业技术学院、温州科技职业学院建立合作，由这两所高校派出志愿者，对每个老人进行一对一辅助教学，大大提升了授课效果。

同时，为解决部分老年人学得慢、忘得快的问题，老年微课堂公益培训项目还专门设置了“一对一上门服务专线”。老年人在使用智能设备过程中遇到任何问题，都可以拨打结对电话，志愿者会在约定时间提供上门咨询服务。

随着微课堂学员越来越多，志愿者队伍也从高校学生扩展到老年群体中的优秀学员。

“同龄人之间更能互相理解，所以我们感觉，银龄互助志愿者的培训效果有时比青年志愿者更好。”廖德利说。

内容与时俱进 “教学点”覆盖更广

实际上，不仅是温州地区，浙江省其他城市近年来都纷纷开展老年人智能设备培训工作，帮助大家跨越“数字鸿沟”。

如金华市图书馆，自2016年推出中老年电脑、智能手机公益培训，培训内容包括“如何选购一台适合自己的智能手机”“如何使用4G、WiFi、GPS、蓝牙等功能”“如何搜索、下载、安装和卸载手机App”“如何使用微信发语音信息、打视频电话”“如何使用第三方支付软件缴水、电、煤气、有线电视费”“如何使用乘车码坐公交车、地铁”，等等，事无巨细，涵盖了智能手机使用的各种方面。而且，随着智能设备不断更新，教学内容也与时俱进。去年，金华市图书馆还推出手机短视频应用教学课程，帮助老人拍摄、制作短视频。

2020年9月，丽水市老年活动中心（老年电视大学）联合中国移动丽水分公司推出“教爸妈玩转手机公益活动”。丽水地区100多个浙江移动线下网点，变成了老年人学习使用智能手机的“教学点”。老年人可以随时到这些服务点咨询了解智能手机使用的各个方面。此外，丽水的移动宽带电视还新增了老年学习专区，只要打开电视，进入相应页面就可以进行学习交流。

老年网民快速增加 安全“触网”很重要

中国互联网络信息中心副主任张晓在解读第46次《中国互联网络发展状况统计报告》时表示，今年上半年，在线教育、在线医疗等应用服务在维持社会经济正常运转、稳住民生基本所需方面发挥了巨大作用。截至2020年6月，在线教育用户规模达3.81亿，占网民整体的40.5%；在线医疗用户规模达2.76亿，占网民整体的29.4%。

而这两部分也正是老年群体最关注和最需要的功能。

中国社会科学院金融研究所副所长胡滨撰文指出，疫情防控期间，大量老人、农民等用户开始熟练使用互联网，中国互联网普及率可能进一步拉升。

但是这也带来一个新课题，随着老年网民的快速增加，如何守护好他们的网络安全？

2020年敬老月期间，全国老龄工作委员会将“加强防网络诈骗、电子通信诈骗知识宣传，帮助老年人掌握防骗知识和技能”列为智慧助老的重要工作内容。

“中老年群体遭遇占比较高的网络风险包括网络谣言、虚假广告、竞价搜索广告、网络诈骗等。”中国移动金华分公司业务支撑中心主任沈骞说。

对此，浙江省各级卫健委、公安部门和通信运营商已广泛开展各类网络防骗普及活动。通过报纸、广播、手机短信、宣传标语等多种形式，帮助老年人第一时间了解到移动智能时代下衍生出的新型网络诈骗，不断提高自身防骗意识和能力。

“实际上，许多网络诈骗看上去形式新颖，归根结底还是利用了人性的弱点。大家一定要牢记‘天上不会掉馅饼’和‘任何陌生人的转账要求都可能是诈骗’这两点。”沈骞说。

（来源：《浙江老年报》2020 年 10 月 16 日）

家庭教育，给一所农村薄弱学校带来的蜕变

张利军　耿建明　鲍　伟

引言

家庭教育有学校教育、社会教育不可代替的作用，因为孩子成长过程中的大部分时间是在家庭中度过的，孩子的全部生活始终与家庭有着密切的联系。随着社会进步和社会结构的复杂化，更凸显家庭教育的重要。

河南省封丘县城关乡第一中学用家庭教育这一“奇招”，探索出了一条促进农村学校健康发展的家庭教育改革之路，让曾经的“一潭死水”变成了今日“一池春水”，让这所薄弱学校实现了华丽的蜕变。

从濒临停办的“冷门”校到在校生1600余名的“热点”校；从低矮简陋的砖瓦房到窗明几净的教学楼；从泥泞坑洼的砖铺地到整洁平整的水泥地……河南省新乡市封丘县城关乡第一中学地处城乡接合部，她的蜕变，要从2005年4月重视“家庭教育”说起。

当年学校只剩下160名学生，学校走进了历史最低谷。2006年年初，封丘县教体局及时对学校领导班子进行了调整。新班子上任后以重获家长信任为突破口，内抓管理，外树形象，在家校共育上大胆尝试，取得了明显成效。

“逼出来”的家庭教育

万事开头难，重获家长信任这件事儿说起来容易做起来难。起初，学校采取的是传统的宣传模式，结合各村小学毕业生信息，逐个邀请家长到学校了解学校的新变化，可效果不理想，精心筹备了很久的宣传会，结果却是家长请不到、学生叫不来。学校经过认真反思，提出了“包村包户、分组包干”的工作思路，充分与各村大队结合，利用大队广播早晚两个时段进行宣传。

与此同时，学校组成多个工作组走入学生家中，全面介绍学校的新变化，讲解教育管理孩子的知识，结合孩子学习现状，传授有效的学习方法等。一村村，一户户，一遍遍，工作组成员起早贪黑，不辞劳苦，为了学校的“生存”，他们不懈努力。

付出总有回报，他们的坚持和执着终于赢得了家长的信任，这种进村入户包干式的家庭教育方式最终使附近的孩子不再流失，就近回到学校读书，在校生数也逐步增至千人以上。

“长起来”的家庭教育

生源问题解决后，学习目标不明、学习氛围不足、教学质量不高又成了摆在学校面前的突出问题。如何突破瓶颈，找到学校发展的“灵计良方”，让学校领导班子颇费了一番心思。经过认真研究，学校决定使出“看家的法宝”——充分发挥家庭教育在学生成长过程中的重要作用，号召家长参与到学校管理中来，家校合力携手育人。

该校以年级为单位，在家长中开展了“四个一”活动，即邀请家长到学校吃一顿饭，邀请家长到学校参加一次晨会，邀请家长到学校听一节课，邀请家长到学校参加一次座谈。让家长切身感受孩子在学校的学习生活情况，通过家校交流，增进彼此理解，让每位家长都能够积极融入学生的学习成长过程中，帮助学生树立明确的目标方向，养成良好的学习生活习惯。

每年寒暑假，学校还定期开展“访千家活动”，让任课教师主动走入学生家中，了解学生假期的学习情况，征询家长对学校发展的意见建议，及时订正学生家庭教育中存在的问题。如今，走在附近村中的小路上，随机问到周边群众对学校的看法，听到最多的一句就是：把孩子交给学校，我们放心！

“火起来”的家庭教育

学校的办学规模不断扩大，学生人数由当初的160人发展到现在的1600余人，原来的家庭教育模式已不适合现在的实际情况。学校成立了封丘县城关乡第一中学家长学校，有计划地对学生家长分年级、分层次进行培训，每学期对每个学生家长有效培训不少于两次，为他们讲解家庭教育理论，介绍孩子在校学习生活情况，通过及时沟通、不断交流，共同探讨教育的新路子，把家庭教育和学校教育紧密地衔接起来。

学校制订了详细的课程培训计划，全校28个班级每周每班邀请五六名学生家长参加培训，一个学期轮训一遍。每周五上午9：00—10：00，学校不安排班主任教学任务，专门用来接待家长，和家长交流孩子的学习和生活情况，分类施策，让家长多鼓励有进步的学生，多关爱出现问题的学生；10：00—12：00对家长进行家庭教育培训，从2015年9月至今已累计培训200余场，有效提高了家长的家教知识和方法，更新和改变了家长的家庭教育观念，同时也取得广大家长朋友对学校工作的理解和支持。

经过近些年的努力，该校以“让农村孩子享受城市孩子的优质教育”办学理念为导向，遵循“教书育人，管理育人，环境育人”的原则，充分发挥家庭教育在学生成长过程中的重要作用，逐步形成了特色鲜明、重点突出的“家校共育促质量提升”的发展模式，学校先后被评为河南省师德师风先进校、河南省示范性家长学校、河南省卓越家长学校、新乡市学校管理先进单位、新乡市文明校园等。

封丘县城关乡第一中学用家庭教育这一“奇招”，探索出了一条促进农村学校健康发展的家庭教育改革之路，让曾经的“一潭死水”变成了今日的“一池春水”，让这所薄弱学校实现了华丽的蜕变。这所学校的蜕变是新乡市家庭教育工作的一个缩影。近年来新乡市高度重视家庭教育工作，专门成立了家庭教育科，组建了专业的教师队伍，定期举办全市家长学校师资培训，提升队伍自我“造血”能力；打造家长大学等平台，向群众传授先进的家庭教育知识和技能，收到了良好成效。

（来源：《中国教育报》2020年8月14日）

小善大爱

骥不称其力，称其德也。

——《论语·宪问》

用“大别山书声”援手“年轻的自己”

唐晓东

引言

7年，一群人因为对家乡的朴素情怀和对教育的远见卓识走到一起，逐步深耕成一家在民政部门正式注册的阅读推广公益机构——杭州书声公益助学服务中心（“杭州书声”），他们背后是几百人的爱心团队，他们面前是一座与现代经济、信息、观念相对隔断的“大别山”。

他们耕作大别山书声项目，帮助乡村学校和孩子翻越这座隔断山，踏入阅读的书山。

一切始于7年前，一群“中年大叔”和他们昔日同学在觥筹交错间，回忆起曾经的青春——走出大别山区的黄冈中学（以下简称“黄高”），步入全国一线城市的大学校园，因为陌生而胆怯，茫然不知如何自处、如何与世界相处；这种奋斗中的无措感甚至延续到职场中。那个年轻的自己，曾多希望有一盏指路的灯、一双牵引的手！如果，如果年轻的自己见多识广，那么心更宽、路更直，生命历程就是另一种风貌。可是大别山只把课本给了勤奋求知的他们，他们有知识的眼界、却少人生的引领，过去如此，当下更甚。于是他们决定，向年轻的自己伸出援手，为家乡黄冈的小学捐书，培养阅读习惯，让孩子们通过书籍这扇窗，了解外面的世界。这一夜，就决定了这个公益项目的基调——非功利阅读，以滋养年轻的生命为目标，不为提高分数而阅读。

试水波折

黄高87级的校友们很快筹集了第一笔爱心资金。肩负着校友们的期望，蔡华勤先生先后拜会了黄冈各县的一批校长，寻找理念契合的实干家。

这并不容易。那时阅读尚未成为国策，甚至“阅读”这个词都极少被人提及，公益阅读推广人常常被误认为是别有用心的图书推销员。乡村教师更有许多困境：首先是有条件的乡村家庭通过买房、租房都把孩子送到城里读书，乡村学校需要通过考试分数来证明自己，尽量挽留学生；班额小的学校，往往师资不足，一位老师既是语文老师，又是科学和音乐老师，还是教务主任；另一方面，县城的班级往往又严重超员，一个班七八十人，走进教室都能听到嗡嗡的回声，老师们很难给予每个学生足够的关注，而学生们中有很多特别需要关注的留守儿童。教师们还承担了教学以外的许多工作，小到帮政府写工作报告、当考察团接待讲解员，大到深入各个家庭搞扶贫，遇上黄冈大旱或洪涝，老师们甚至当上了森林防火和防洪大堤巡查员；个人生活方面，不少老师平时住在村镇学校，家在县城甚至外地，为了照顾学生中的留守儿童，他们自己的孩子成了留守儿童……阅读，看起来很美，却像不相关的远方，很难落地。

需要找到对的人——愿意为阅读付出的老师。功夫不负有心人，蔡先生找到了罗田县思源实验学校的时任校长，经过慎重考察，闵校长是那个对的人。

第一批书捐到了学校，却没有及时用起来，毕竟，老师们每天要应付的事情太多；而且课本学习是一回事，具体课外阅读怎么做，大家都没概念。

要找到专业力量支持公益。乡村学校不能成为公益实验场，大别山书声发出寻求专业团队合作的信号。

2013 年年末，一个周末傍晚，校友传来消息，上海微笑图书室在阅读推广方面有自己的研究，但负责的唐老师 11 点火车要出差。没有犹豫，“大别山书声”项目创始人蔡华勤立即订了去上海的车票，在唐老师出差之前进行了一次交流，然后开启了 7 年的合作。

很快蔡华勤和唐老师一同前往罗田县开展工作。与校方协商，针对当时的难点，初步开始尝试。选配一批儿童喜闻乐见的高品质童书；学校选出 5 位热心阅读的种子教师，在他们的班级中设立开放式图书角；种子教师采用大声朗读和持续默读两种方式，陪伴学生进行常态化阅读。

种子教师有非常强烈的顾虑：这么精美的童书，放在教室里的开放式书架上，丢了、坏了太可惜。杭州书声反复解释：丢了不追责；丢了说明有人看，愿意以丢失少量书为代价，换得学生的阅读习惯和自我管理能力。5 位老师终于勉强同意试行，让这个项目找到了最初的落脚点。

稳步拓展

半年内，项目向全校扩展，吸纳了包括语文、数学、英语、美术、音乐等各科老师成为种子教师。闵校长亲自设计了班级书架的细节，带防落条的开放式红色书架闪亮进入每一个班的教室。学校图书馆面向走廊的一排玻璃窗上，贴上了花花绿绿的卡纸，上面是老师们写的好书推荐，配有孩子们喜闻乐见的图画。

一个冬天的早晨，天色微亮，不到 7 点，我在教学楼观察，看到一些学生已提前到校，各自去书架取书阅读。三年级的教室里，几个男生头挤头地在看一本 3 厘米厚的书。我也凑过去，原来是《DK 动物大百科》。我们成年人很难静心阅读的科普书，却满足了孩子们旺盛的好奇心。

有一个班提前来看书的孩子特别多，我问："老师给你们读书吗？"孩子们七嘴八舌地说："数学老师给我们读！黄老师！他来了！"是位男老师，我们聊了一会儿，原来，他最初是从学校借书给家里的孩子读，逐渐读出了乐趣，心想，何不也给班里的孩子读呢？这一读，孩子们不但爱上了数学老师，还爱上了数学课。

靠口口相传并得到罗田县教育局的支持，一年内项目扩展至罗田县的 9 所小学、4 所中学。

第二年，罗田县的种子教师来思源学校参加阅读交流活动，他们被思源孩子们创作的绘本震住了：有精彩的故事、有精美的手绘和拼贴画，还有一本用彩珠拼出了立体绘本。

来考察的还有邻县的校长、老师、教研员。项目因此顺利扩展至黄冈的 4 个县市，并组织骨干教师到合肥、义乌、杭州的阅读先行学校考察取经。3 年内在罗田、麻城和浠水分别组建了由本地骨干校长和教师主导的阅读推广联盟。

项目历时	种子教师（人）	学生（人）	县域
第一年	60	2992	罗田
第二年	179	8121	罗田、麻城、浠水、蕲春
第三年	292	13724	罗田、麻城、浠水、蕲春

我们做对了什么？在项目复盘时，校友们七七八八总结了几条经验；

1. 精选：从国内出版的原创、翻译作品中，精选品质最高的童书，涵盖绘本、文学、数学、外语、科学、地理、历史、人文、艺术等各个方面，其中科普书尤其突出，包括特别能激起学生探索欲的立体书、胶片书等特殊设计的图书。通过书库向班级图书角提供循环借还服务，保证学生可以广泛接触到品类齐全、难度梯级上升的书籍。

2. 自愿：在老师自愿报名的基础上，考核老师陪伴学生进行常态化阅读的意愿，吸纳一部分老师成为种子教师，由各县书库为种子教师的班级图书角提供批量借还服务。不搞行政摊派、不搞全校覆盖，以保证老师们参与项目的自发热情。

3. 常态：以大声朗读、持续默读为核心，要求种子教师坚持每天陪伴学生阅读。

4. 开放：图书室、阅览室不上锁，学生自由取阅。

5. 生态：由微笑图书室为种子教师提供专业的阅读培训和日常答疑解惑，帮助老师们更新理念、掌握方法、在实践中获得成就感。

6. 榜样：邀请知名学者和科学家深入乡村课堂，为孩子们作科普讲座。与学生面对面，以科普者自我榜样的力量为孩子们励志，以前沿的科学知识激发学生的梦想和学习行动。

问题逐渐凸显

项目初期，侧重于自下而上的培育，以陪伴有阅读热情的种子教师探索班级常态化阅读实践为主；与校长、当地教育局有沟通和交流，但他们给老师的支持大多限于在阅读培训时出场讲话。随着项目逐步获得认同，浠水教育局的郭黎明书记开始在进校视察工作时拿起书带头为学生大声朗读，让我们初步看到了自上而下的曙光。

同时问题也逐步凸显。部分学校只有两三名种子教师，声势较弱，加上原校长调离、新校长沟通不足，本地团队内力不足，需要更强的外力推动。一次，蔡先生专程从杭州赶到黄冈逐校走访，蕲春某校校长说不在学校，蔡先生去到校门口，打电话请校长让门卫开门，只想去看看班级图书角和种子教师，但始终不得其门而入。

项目需要更多“外来人”与校长、教师沟通，了解需求、解决问题，否则无法形成足够的推力，同时杭州书声公益团队也需要更多的力量带来持续与发展。

进入第四年，即 2017 年 10 月，大别山书声吸纳了一批愿意投资金、投想法、投精力的黄高校友，组成 13 人的项目理事会，以期形成新的声势。其中最急需投入的是时间与精力。“公益不是服务别人，是公益人的自我修行”，蔡华勤会长在招募校友时总把这一句话反复念叨。每位公益参与者本职工作繁忙，能亲临学校者甚为难得。即便如此两年之间理事会发展为 17 人，分工详尽：有实地推动者、远程策划者、资源组织者、技术指导者、宣传激励者，终成各司其职、投入实干的团队，并注册了社会服务机构。

同时项目学校换血，实施预选机制和退出机制，不再跟进阅读推动乏力的学校，发展有阅读计划的学校成为孵化学校，视实施效果决定是否正式吸纳为项目学校。其间，蕲春县不再跟进，令人扼腕。同时，黄梅县教育局联系我们，希望引入大别山书声项目。确定牵头学校是个难点，有的学校迎来送往的各种考察太多，无法沉下心来做阅读；有的学校还停留在要资源的观念中，只想要书，没有阅读规划。项目 4 人团队反复考察了几所学校，经与教育局和学校磋商，确定请行动力超强的晋梅小学吴文峰校长出任本地读书会会长，书库设在黄梅五小。黄梅县的 7 所学校成为新的生力军，本地组成了蒲公英读书会管理团队，自行商定分工和吸纳新会员的条件和流程，进一步孵化了两所学校。其他各县也有新生力量源源补充。

蓄势井喷

随着精锐力量的加入，在已初步培育的自下而上的沃土中，杭州书声开始着力自上而下的推动。并形成了几个公益项目落地“产品”。

1. 校长宣言：能否 100% 执行“校长宣言”是项目学校达标的标志

各项目学校校长承诺带头进班读书、大声朗读和持续默读列入课表、学校图书室搬到方便学生出入的一楼……

校长宣言的落实是一个至关重要的改变。黄梅县大河一中小学部的李雅丽校长，一个月就进班给学生朗读 20 余次；几乎每一所项目学校的校长都在周一的升旗仪式上为全校学生读书。校长身先士卒，不仅是一种价值肯定，更让学校从上至下都体会到阅读的乐趣和成就感，让阅读成为学校的一个话题；课表保障了阅读时间，更有学校录制了阅读时间的专属铃声，加强了阅读的仪式感和认同感；图书室搬到一楼的效果是显著的：罗田三里畈小学图书室最初在 5 楼，年借阅量 1.6 万，搬到 2 楼后激增到 3.4 万，重上 5 楼后降至 1.8 万……这个案例说服了校长们。

2. 县域读书社

各地分会自行讨论确定组织名称、章程、人员分工，并举办正式的成立仪式，以仪式感促责任感。大别山书声引入国际慈善组织狮子会的理念，将所有参与项目的校长、老师、管理人员都列为公益合伙人，促进阅读本地化、常态化。读书社成员老师之间相互赋能，相互激励，完成了乡村阅读环境中最重要的一环——“人”的改造。

3. 阅读嘉年华

每年举办一次大别山书声阅读嘉年华，4县轮流主办，种子教师、校长、教育局领导、爱心人士齐聚一堂，交流经验、分享乐趣、示范课程、制订计划，由此催生了一批本地培训人才。在2018年的嘉年华中，冯露、叶彩华、胡敏3位种子教师被黄冈市教育局聘为阅读培训师，从此担起了本地阅读培训的重任。2020年新冠疫情期间，家长们被困家中，应浠水县教育局邀请，项目录播了20个绘本阅读策略系列网课，由冯露牵头组织，徐林霞、郑方霞、万新月、陈翠萍等12位老师协助，先后有80多位老师带领3500多位学生及家长参加了网络共读活动。

4. “我读给你听”

鼓励各级领导进班读书，用全民阅读促进乡村阅读。

2018年开始，从县教育局的教研员、局长，到市教育局领导，到黄冈市委领导，都进校进班示范大声朗读，助推全民阅读氛围。

5. 科学家进教室

黄高校友们把身边的科学家带去项目学校为孩子们进行科普讲座。科普开阔了孩子们的眼界，中国科技大学黄丽华老师的“大别山的鸟”科普课，让孩子们对身边熟悉而陌生（不知道名字）的鸟耳目一新。科普打开了孩子们的心扉，浠水关口小学五一班的田欣怡同学在一次科普课后，写了一封信给科普老师中国科技大学的陈宇星教授：“很高兴今天能听到您的科普讲座，当我们得知您是中国科技大学的教授，您的学生都是博士时，我们简直不敢相信自己的耳朵，这么厉害的人物会来我们乡村小学给我们免费讲座！虽然今天讲座的内容有些深奥，有很多东西我还是不懂，但通过您的讲座，让我们看到了科学世界的神奇，希望您以后常来我们学校……”

阅读的效果在慢慢呈现。罗田三里畈小学几年来认真落实了大声朗读和持续默读的常态措施，在2018年的嘉年华上，副校长方胜兰说：“在黄州区上完公开课回到学校，我跟老师说，我发现我们的学生并不比城里的学生差，这就是阅读的力量。”该校毕业生何阡陌给大别山书声捐款人写了一封信，信中说为了这么好的图书馆，他跟妈妈说想留级留在三里畈小学。但人生路总是不能停留，如期上了初中的何阡陌，一直保持着阅读习惯，2020年中考，他与另外两位大别山书声同学一起考入了名闻遐迩的黄冈中学高中部。

老师做班级阅读是付出也是收获，收获的是自己和家人的幸福感。罗田义水学校的叶彩华老师原本是一位普通的语文老师，5年来她因为阅读而迷上了自然笔记，除了坚持班级的常态阅读，还利用周末带学生们到自然中观察、玩耍的机会做自然笔记，在阅读推广和自然教育方面成绩卓著。2019年，她辅导的5位同学的6幅自然笔记作品参加了LIAN博物绘画全国巡展。同年，叶老师在环保部组织的“第一届自然传播者培训会”上分享经验，并担任全国自然笔记大赛评委。这种体会，使她以更放松和开阔的心态看待考试分数，给了孩子更多自我管理的空间和时间。2020年高考，他的儿子如愿考上了心仪的大学。

如今，大别山书声的老师们在教学工作之余，不仅读书，而且读有长度的整本书；主动阅读“幼稚”的童书，主动寻求阅读培训；将自己的阅读积累和阅读经验迁移到陪伴学生阅读的过程中，共同看见书山之美，共同眺望山外风光。这是大别山书声项目最希望看到的风景。

（作者简介：唐晓东，上海微笑青年公益服务中心大别山书声特聘专业阅读导师）

最美快递员汪勇：从组局者、公益人到管理者

范云兵

引言

“最美快递员”“中国青年五四奖章”……虽然已经获奖无数，但回想起那段艰难的日子，汪勇仍旧感慨万千。他感慨1000多万武汉人民的勇敢坚守，感谢疫情期间无数个“逆行者”的默默付出，也感恩4.2万名援鄂医疗工作者的无私奉献。

2020年9月29日上午，第四届“中国梦·邮政情　寻找最美快递员”活动揭晓发布会在京举行。顺丰快递员汪勇获得“最美快递员”特别奖。

“最美快递员”“中国青年五四奖章”……虽然已经获奖无数，但回想起那段艰难的日子，汪勇仍旧感慨万千。他感慨1000多万武汉人民的勇敢坚守，感谢疫情期间无数个“逆行者”的默默付出，也感恩4.2万名援鄂医疗工作者的无私奉献。

在与新冠肺炎疫情的斗争中，汪勇从一名快递员成为抗疫“组局者”，曾经帮无数医护人员解决了吃饭、穿衣、出行问题。如今，他已经成为湖北顺丰硚口分部经理，带领200多名快递员为消费者提供优质的快递服务。

组局者

2020年春节期间，也是全国新冠肺炎疫情最严重的时期。正是在这个时期，还是武汉一名普通快递员的汪勇成为一个抗疫志愿团队的“组局者”。

这场救援，源于汪勇偶然进入的一个“医护人员车辆需求群”。金银潭医院一位护士因交通不便回不了家，在群里求助，需在腊月三十6时搭车，但一直无人回应。很久以后，汪勇说了声“我去”。

“我来接你了。”汪勇打通电话时，护士不敢相信。她在车上哭了一路，汪勇

为妻子边擦眼泪边加油打气："不说了，我老婆最棒！"嘴上抱怨，手中温柔。"抗癌厨房"成了老夏的庇护所。老夏说：我一天到晚，除了炒菜宽心点，在医院像坐牢一样。让他最开心的就是去菜市场买上几条新鲜的鲈鱼，在"抗癌厨房"为妻子做上一锅他最拿手的鲈鱼豆腐汤。鲈鱼飘香，看着妻子喝下自己亲手煲的鱼汤，老夏心中喜悦，在艰难的日子里也哼起了歌谣："十五的月亮升上天空，只要哥哥你耐心地等哟，你心上的人儿就会跑过来哟……"这便是相濡以沫的人儿，和比月亮还要皎洁的陪伴。

有丈夫照顾妻子的，也有妻子照顾丈夫的。李小琳的丈夫汪德平本来是做装修的好手，10 年前不幸罹患鼻咽癌。排骨汤，鸽子汤……李小琳每天在"抗癌厨房"忙得不亦乐乎，变着法子为丈夫补充营养。生病后的汪德平常常自责，看病花销大，自己也失没有了经济收入。但李小琳却总是宽慰丈夫："发财什么的我们不想那个事，治好了，人平安就可以了。"看着妻子为自己操劳，眼睛都浮肿了，汪德平竖起大拇指说："我老婆对我挺好的，这样的老婆难找了。"10 年的守护，食物背后，都是那份沉甸甸的爱。

除了伉俪情深，"抗癌厨房"里也有动人的母子情。"医好他的病，我就是卖房子也不会放弃的。"48 岁的胡爱凤说下这句话时，语气哽咽却又斩钉截铁。女子本弱，为母则刚。胡爱凤的儿子在新婚前被确诊淋巴癌，幸福转眼成厄运。每天，胡爱凤都会在"抗癌厨房"为儿子做上几个他爱吃的菜。蛋花汤、炒白菜、炒肉丝……胡爱凤精心照料着儿子的一日三餐，她把那份爱和坚持都倾注在了一蔬一饭中。

慈鸦还哺，羔羊跪足。"抗癌厨房"里也有为患癌父亲含泪做饭的女儿。一份蔬饭，十分真情。不管是角色对换，还是相互扶持，"抗癌厨房"里的烟火气实实在在勾勒出了人世间相互摆渡帮扶的众生相。

有饭吃的地方才是家

万佐成说："有饭吃的地方，才是家。"朴实的话，道出的是颠扑不破的道理。对于身处人生低谷的病人和家属，"抗癌厨房"确实如家温暖。有些病人条件困难，万佐成、熊庚香夫妇干脆不收钱，还顺带多打一点饭。熊庚香还像知心大姐一样鼓励病人家属："吃不起就到我这里来吃！饭是要吃的。"

万佐成也像个大家庭的大家长一样，组织协调各种资源。谁富一点，万佐成就劝他多分享一点，菜买多了就给困难的病友分一点。"人不劝不善，钟不敲不鸣。"万佐成说，也如是做。有些直接给万佐成夫妇捐钱的，万佐成自己坚决不收，而是告诉好心人哪个病人吃不起饭，把钱直接捐给病人。万佐成夫妇就这般事无巨细地帮助着病人们。每天中午把所有人安置好后，常常到下午三四点时，万佐成和妻子才吃上一口饭。他们的中午饭也实在简单得很，辣椒炒鸡蛋就算一餐。就这样近20年如一日，一年365天，万佐成夫妇像钟一样不停旋转，停不下来。甚至过年时，夫妇俩被儿女接走，吃完团圆饭后1小时不到，就又回到“抗癌厨房”守着。起初儿女们也闹意见，但朴实的万佐成对儿女说：“停了怎么办？这些人要吃饭呐！他们问起来我们受不了，因为我们跟这些人搞亲密了。我们放不下这些人。”儿女被父母说服了，有时也三五百块地接济病人。

病人和万佐成夫妇间的关系也早已比“亲密”更亲密。许多病人家属出院时，会把电话号码留在那面被油烟熏黄的墙上，邀请夫妇俩日后到家中做客。万佐成夫妇俩骄傲地说：“我们走到哪儿，都饿不死的，都有一口饭吃的。”

还有位病人，才四五十岁，临终前的愿望就是到“抗癌厨房”再去坐一次，去看看老板和老板娘。看到眼前面黄肌瘦的病人，对他流着泪说着感谢的话，万佐成心里也好不是滋味。最后的仪式，最后的告别。没过几天，病人就去世了。诚如万佐成所言：得了癌症的病人临终时心中都有我。

爱出者爱返，福来者福往。万佐成夫妇的善心善行也召唤到社会的更多善意和关注。他们的故事被央视新闻大力报道，政府也拨款装修了“抗癌厨房”，还补贴了房租。平日里，志愿者也前来帮忙打打下手。还有来自广东、上海的企业捐来电饭煲、酱油这些厨房用品。

善意汇聚成江海，善行让陋巷也绽放光芒。这所和医院一墙之隔的“抗癌厨房”，17年间不知迎来送往了多少病人，万佐成夫妇又不知对多少人施予援手。“抗癌厨房”里的酸甜苦辣咸，正是每个人都要经历的人生五味；而在灶台烟火间，又全是那份相似的人间温暖。

也许医学治愈的是人的身体，而万佐成夫妇的“抗癌厨房”治愈的则是人心。年近古稀的万佐成夫妇如真心英雄般立下誓言，会把“抗癌厨房”一直开下去，直到他们无能为力为止。

“灿烂星空，谁是真的英雄，平凡的人们给我最多感动。”相信“抗癌厨房”一定不会倒，因为人们内心的爱与善良早已化成彩虹，挂在了小巷的天空。

（来源：公众号“益美传媒”，参考资料：央视新闻新浪微博，新华网《这间“抗癌厨房”，真的良心啊！》，新华社《这间一元“抗癌厨房”里，飘着人间百味……》）

我们可以用伟大的爱 做些小事

周翾

引言

我记得我当时用求婚一样的目光看着跟我一块去美国的护士，我跟她说，我回去想做儿童舒缓治疗，你愿意和我一块儿吗？她说，我愿意。于是我们两个人携手回到儿童医院，开始了儿童舒缓治疗的艰难旅程。

最初我接触到儿童舒缓治疗是在一次国际会议上，当时我不太理解它到底是什么意思，只知道可能就是为我们的肿瘤病人再多提供的一项服务，让他们在治疗过程中没那么痛苦。

2013年10月，我有机会回到了美国圣吉德儿童研究中心，虽然只有短短四周，但我拿出了一周时间，去看这个世界上最顶尖的儿童血液肿瘤中心是怎么为孩子做舒缓治疗的。

我记得有一次查房的时候，我和那个教授一起推开了病房的房门，灯光非常柔和，一个妈妈抱着宝宝坐在摇椅上，她的宝宝叼着那种安慰奶嘴在睡觉，妈妈就很平静地和这个教授聊天。在沟通的过程中我听到，这是一个临终的孩子，他在做临终关怀。

我当时非常吃惊，作为一个血液肿瘤的医生，死亡在我眼中是一个惨烈的过程：家长在旁边哭喊着孩子的名字，我们紧张地做最后的抢救。我从没见过这样的死亡，一个孩子在他临终的那一刻是平静而有尊严的。

我回去想做儿童舒缓治疗，你愿意和我一块吗？

随着我对舒缓治疗了解的深入，我发现原来不只是医生和护士可以帮到病人和他们的家庭，还有很多的人，心理医生、志愿者、社会工作者，等等；他们是一个团队，他们都可以起到抚慰的作用。

那时我内心就有一个冲动，我能不能也回去做儿童舒缓治疗？于是我和这个教授进行了两个多小时的深谈，教授跟我说了很多很多，我只记住了两句话。

第一，如果你想把这件事长远地做下去，你一定要有钱，一定要有钱。

第二，No pain control，no talk。什么意思？如果你不能够把病人的疼痛控制住的话，就不要谈什么舒缓治疗。

这两句话让我印象很深，但是在当时其实我不是非常理解它到底有多少作用。现在我回过头再看，每一句都特别正确。

我决定回国以后必须要做这件事情。但是我一个人肯定做不到，我记得我当时用求婚一样的目光看着跟我一块去美国的护士，我跟她说，我回去想做儿童舒缓治疗，你愿意和我一块儿吗？她说，我愿意。于是我们俩携手回到儿童医院，开始了儿童舒缓治疗的艰难旅程。

我总要跟大家说，我们儿童医院的儿童舒缓治疗团队是在 2013 年 11 月成立的，但谁也不知道我们团队只有两个人。

一个艰难的开始

回来以后我还在努力学习，想填补我这些专业上面的空白。我看了很多的文献，但是越看我越崩溃，越看越灰心，每一个单词我都认识——但是每一句话我都不理解。

就在我不知道要不要继续走下去的时候，我先生跟我说了一句话：做人的事情，你跟随你的内心就好了。于是我开始发挥我作为一个临床医生的优势，一个病人一个病人地去获得经验，去帮助他们。

我还记得我第一次和一个病人家长准备沟通的时候，是一个傍晚，病房里仍然非常嘈杂，我们找不到一个安静的地方坐下来好好说话。不仅如此，我作为一个有经验的临床医生，居然不知道该如何跟家长开口，也不知道怎么样才能帮助他们。一个这样艰难的开始。

我非常感谢我们的家长，感谢那个第一个接受我们临终关怀随访的家长，感激他们对我们的信任，愿意接受我们的帮助。

所以就是这样一点点地做了起来，我们积累了一些经验，于是我有了一个新的一个 13 岁的男孩跟我聊天说，周阿姨，我不愿意回到学校去，我上一次刚一回到学校，学校就给我发起了一次筹款活动，还把我这件事情写成大海报贴在广告栏上面，全校的同学都知道我得了白血病。同学会问我什么叫白血病，是不是血变白了就是白血病。我和我的朋友商量好了，晚上跑步的时候就把那海报给撕了。他说，我特别讨厌他们用那种异样的眼光看着我。

那家庭呢？当家庭遭受这样的灾难时，家庭矛盾就会从一个很小很小的嫌隙，升级为剧烈的争吵。在我的临床工作里，家庭分崩离析真的是不少见。家长有时候会跟我说，"孩子在，我们的家就在；如果孩子没了，我们的家也就散了。"

在这个时候，他们是很需要一些专业人士为他们提供帮助，我们有负责心理辅导的老师，希望让孩子在整个治疗过程中生活质量更高，让他们在长大成人之后成为一个身心都健康的人。

要不要和孩子讨论死亡？

做儿童的临终关怀，对我来讲最大的情感挑战是，要不要和孩子讨论死亡。

每当我和家长讨论这件事的时候，通常都是被拒绝的。有的妈妈会说，孩子还那么小，他什么都不懂，不要告诉他，就让他快乐地走完这一段吧。有的妈妈会说，其实我特别了解我的孩子，如果你跟他说了，他一定会崩溃的。

但如果我们什么都不说，孩子真的不会知道吗？如果我们什么都不说，爸爸妈妈真的会心安吗？

在一次访谈的时候，一个妈妈跟我说，我之前总是在摇摆，不知道要不要跟孩子说他已经治不好了，结果有一天我终于下定决心了，孩子突然陷入昏迷，那个时候我跟他说什么，他都不能再给我任何回应了。

她说，我不知道他是不是能理解，他会不会很害怕，自己要一个人走到那个世界去了，其实在最后那一刻我看到他的眼皮动了一下，但我根本不知道他想跟我说什么，所以我特别地后悔，他一定有愿望没有实现，而我不能够实现我孩子最后的愿望了。

瑞典做过一个统计，在 429 位家长中，有 2/3 选择不和孩子讨论病情，但在这些不讨论病情的里面，最后有 23% 的家长感到后悔，而选择讨论病情的没有一个人后悔。

现在如果有家长再问我，我应不应该跟孩子讨论病情呢？我会跟他说，你可以和你的孩子讨论死亡。这件事情没有应该与不应该，没有对与不对。我们只需要遵循一个原则，就是尊重。

尊重什么？尊重父母自己的内心，我是不是已经准备好了去告知孩子。我们更要尊重孩子，别看他们是儿童，但无论他是多大，他都是一个值得我们尊重的个体，都有他的尊严。

一个 9 岁的男孩，在愿望清单上写了两个愿望，第一个是他希望可以像以前一样走路，他的左腿因为肿瘤被截肢了；第二个愿望是去看一看大海。

他的家人和假肢厂联系，连夜赶工，在他进入深度昏迷的时候，这个假肢终于送到了。他们就对孩子说，“宝贝，你现在可以像以前那样飞一般地奔跑了。”

但是，去看一看大海的愿望是无法在孩子生前完成。孩子去世之后，他们全家人就带着孩子的骨灰来到了海边，把他的骨灰撒向了大海，完成了孩子最后的心愿。

我想这就是临终关怀所做的生死两相安吧。

我们可以用伟大的爱做些小事

其实到今年年底，细数下来，我做儿童舒缓治疗的已有 6 个年头。昨天还有人说，“周医生，你的目标那么宏大，到现在遇到了这么多的困难，你的目标是不是要改一改了？”我只会给他两个字，“不会。”

别看我们遇到了这么多的困难，但我们是从零开始的啊。我觉得我每天都有一个小的进步，我们一个小梦想一个小梦想地去实现。你可以看到，现在我们已经有中华医学会下面的儿童舒缓治疗亚专业组，在这个亚专业组里有 47 家医院。

这意味着什么？意味着这 47 家医院里面的儿科医生都可以成为种子，他们可以生根发芽，开花结果。现在在上海有非常优秀的儿童舒缓治疗团队，在苏州有，在南京有，在福州有，在郑州有，明年在河北沧州也会有。

最后我想用特蕾莎修女的一句话作为演讲的结束：“我们常常无法做伟大的事，但我们可以用伟大的爱做些小事。”

（来源：公众号“一席”，有删节；作者简介：周翾，北京儿童医院血液肿瘤中心主任医师）

环球慈善

三人行，必有我师焉；择其善者而从之，其不善者而改之。

——《论语·述而》

日本非营利法人制度改革及其对中国的启示

俞祖成　出口正之

引言

与中国非营利组织建设的启动时间大致相同，日本非营利组织的发展却领先中国。究其原因，除了1998年NPO法的实施外，还在于2006年推行的公益法人制度改革。

党的十八届三中全会以来，中国社会组织（非营利组织）的发展呈现出三大趋势，一是政策环境从管制走向法治，二是体制环境从限制转向合作，三是发展环境从多元取向公益。其中，政策环境的变化主要体现在“三大法律”的出台，包括《中华人民共和国慈善法》（2016年）、《中华人民共和国境外非政府组织境内活动管理法》（2016年）以及《中华人民共和国民法总则》（2017年）。显而易见的是，中国政府力图以“三大法律”为基石构建全新的社会组织法制框架，进而助推社会组织更好更快地参与社会治理。然而，毋庸置疑，中国目前的社会组织政策仍存在诸多问题，包括法人元分类严密性不足、社会组织基本法缺失、慈善组织登记认定制度不完善、慈善组织商业活动规制过剩等问题，亟须中国在不断总结本土经验的同时，积极借鉴国外发达国家和地区的有益经验。其中值得中国特别关注的是，同属东亚文化圈并在国家与社会关系上与中国存在相似性的日本为了实现从“统治”向“治理”的转变，近年来大力推行非营利法人制度改革并取得显著成效。鉴于此，本文聚焦于日本非营利法人制度，就其演变脉络和改革措施进行详尽考察，最后结合中国实际情况提出若干启示，以供相关研究和实务参考。

改革前的日本非营利法人制度

日本的非营利法人制度滥觞于明治时期实施的民法（以下简称“明治民法”）所规定的公益法人制度。明治民法第 33 条规定“法人须依据本法及其他法律的规定方可设立”，此即“法人形态法定主义”。在此基础上，同法第 34 条和第 35 条分别对“非营利且公益之法人”（即公益法人）和“营利法人”进行了专门规定。换言之，虽然明治民法规定所有法人必须基于法律而设立，但它所能提供的法人类型仅限于“公益法人”和“营利法人”这两种。很显然，明治民法未能准确辨别“营利—非营利”和“公益—非公益（互益）”这两对关系的区别。进而言之，假如我们采取“营利法人—非营利法人”的分类方法，那么所有类型的组织均可根据民法注册为法人。然而遗憾的是，由于明治民法仅对“公益法人”和“营利法人”作出规定，从而导致那些“非营利且非公益”组织（其中大部分为互益性组织）难以注册为法人。

关于公益法人，明治民法第 34 条作出如下规定：“凡与祭祀、宗教、慈善、学术、技艺以及其他公益相关且不以营利为目的的社团或财团，必须经由政府主管部门（主务官厅）的许可，方可注册为法人。”根据这项条款可知，明治民法通过列举方式，明确了日本的公益事业包括“祭祀、宗教、慈善、学术、技艺以及其他”。然而，第二次世界大战结束后，日本政府基于现实需要，采取民法之特别法的方式，在“祭祀、宗教”“慈善”“学术、技艺”等领域分别出台《宗教法人法》（1951 年 4 月 3 日第 126 号法律）、《社会福祉事业法》（后更名为《社会福祉法》，1951 年 3 月 29 日第 45 号法律）、《私立学校法》（1949 年 12 月 15 日第 270 号法律），从而催生宗教法人、社会福祉法人以及学校法人等广义公益法人。据此，作为民法法人的公益法人被剔除出“祭祀、宗教、慈善、学术、技艺”等领域，而仅能在“其他公益”领域发挥作用。事实上，在明治民法实施之初注册为公益法人的那些代表性法人，在战后基本上变更为学校法人、社会福祉法人或其他法人。更加复杂的是，日本政府于 1998 年继续以民法之特别法的方式出台《特定非营利活动促进法》（1999 年 3 月 25 日第 7 号法律，通称“NPO 法”），据此创设出特定非营利活动法人（通称“NPO 法人”）制度，从而扩大了与公益相关的社团法人制度之范畴。要言之，历经百余年制度演变之后，日本的非营利法人制度在法人类型上出现过度分化现象。关于这种现象，笔者将其称之为“加拉帕戈斯化现象”（图 1）。

需要特别说明的是，关于“公益－非公益”的判定，明治民法等法律法规并未作出明文规定，而是将其交由各政府主管部门自由裁量，从而导致不少互益性组织以及与营利法人并无实质性差别的法人在“自由裁量权”的庇护下得以注册为公益法人。关于日本公益法人的种种乱象，我们可以通过图 2 加以进一步揭示。在图 2 中，“营利－非营利”为纵轴，“公益－非公益”为横轴。根据这种分类，在应然状态下，公益法人仅存在于第四象限；然而在实然状态下，互益性法人和以营利为目的法人也得以混入其中。

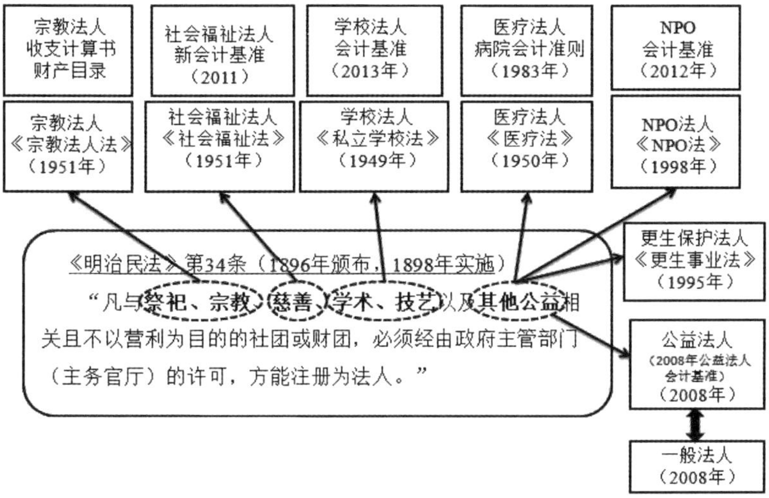

图 1　日本非营利法人的“加拉帕戈斯化现象”

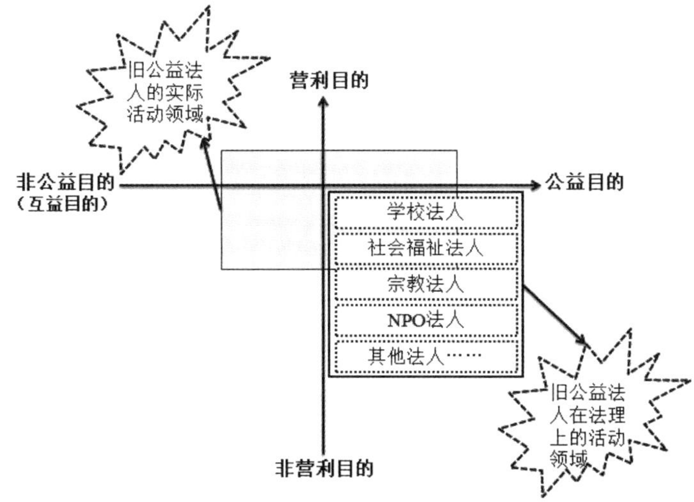

图 2　2001 年之前的日本非营利法人

此外，日本政府于2001年颁布实施《中间法人法》，旨在为那些“非营利且非公益”的组织提供法人注册渠道，从而消除日本非营利法人制度长期存在的真空地带。据此，日本非营利法人制度不仅囊括了基于特殊目的而设立的学校法人、社会福祉法人、更生保护法人以及医疗法人等广义公益法人，而且还涵盖了作为一般性制度的公益法人、NPO法人以及中间法人（图3）。

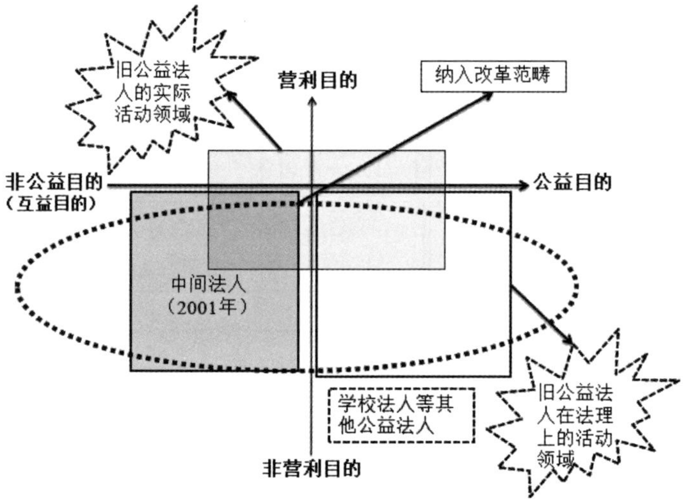

图3　2001—2006年间的日本非营利法人

公益法人制度改革的成效与问题

以上，简要考察了公益法人制度改革之前的日本非营利法人制度的概况。面对这种不断“加拉帕戈斯化”的非营利法人制度，日本政府终于开始意识到改革之必要性，并试图将公益法人、NPO法人以及中间法人这三类非营利法人进行制度性整合。然而，对于诞生不久的NPO法人而言，它们并不愿意与公益法人等一道成为改革的对象，于是积极动员政治力量向当局进行游说，最终如愿以偿地免于改革。囿于此，日本政府仅对公益法人制度和中间法人制度进行整合并于2006年颁布“公益法人制度改革关联三法案”，包括《关于一般社团法人和一般财团法人之法律》（通称“一般法人法”）、《关于公益社团法人和公益财团法人的认定等法律》（通称“公益认定法”）、《关于一般社团法人和一般财团法人之法律以及关于公益社团法人和公益财团法人的认定等法律的实施所需配套法律之整备等法律》

（通称“整备法”）。换言之，通过公益法人制度改革，日本政府将原有的公益法人和中间法人统分为“一般社团法人 / 一般财团法人”（统称为“一般法人”）和“公益社团法人 / 公益财团法人”（统称为“公益法人”）。

（一）新公益法人制度的主要特征

概括而言，较之旧公益法人制度，新公益法人制度具有以下几个特征：

首先，将法人设立环节与公益性认定环节进行分离，即采取“两层构建方式”。在这种制度架构下，一般法人的注册手续只需“登记”即可。进而言之，一般社团法人只需两名以上会员即可，无须提供任何财产。一般财团法人只需提供纯资产 300 万日元（约人民币 18 万元）作为原始基金即可登记成立。此外，一般法人只要遵守法律规定的“利润非分配约束”原则，就可以在任何领域开展活动。简而言之，关于法人设立程序，新公益法人制度大幅度地降低了准入门槛。

其次，允许一般法人随时向政府主管部门（行政厅）递交“公益认定”申请。政府主管部门受理公益认定申请之后，需要向中央政府层面的内阁府公益认定等委员会或地方政府层面的合议制机关进行咨询，并根据咨询意见最终作出公益认定是否成立的决定。

最后，以法律条文之形式对公益认定的具体事项（包括 17 项公益认定标准以及公益认定过程中需要加以斟酌的事项）进行规定。概括而言，这些认定标准包括以下内容：（1）通过法律条文的形式对“以公益为目的的事业”（即“公益目的事业”，见表 1）以及必须用于公益目的事业的“公益目的事业财产”，进行明文规定，同时对“以实施公益目的的事业为主要目的”（《公益认定法》第 5 条第 1 项）等要求进行明文规定；（2）通过法律条文的形式对“法人运营规制”“健全的内部治理机制”以及“实施公益目的事业的能力”等内容进行明文规定（《公益认定法》第 5 条第 2 项、第 5 项、第 7 项、第 10 项、第 11 项、第 12 项、第 14 项、第 15 项、第 16 项）；（3）彻底贯彻非营利原则（《公益认定法》第 3 项、第 4 项、第 13 项）；（4）遵守所谓的“财务三标准”，包括收支相抵原则（公益认定法第 5 条第 6 项）、公益目的事业比率不低于 50% 之原则（《公益认定法》第 5 条第 8 项）以及闲置财产额规制原则（《公益认定法》第 5 条第 9 项）；（5）明文规定公益法人在法人注销或解散过程中的财产处置方式（《公益认定法》第 5 条第 17 项、第 18 项）；（6）明文规定公益法人的缺格事由、彻底遵守法律求以排除暴力团体之影响等要求（《公益认定法》第6条）。据此，在旧公益法人制度中长期缺失的公益认定标准在新公益法人制度中得以明确化，进而有望提高公益法人的内部治理能力。

表1　公益目的事业一览表

附表（与公益法人法第2条相关）
（1）以学术振兴和科技振兴为宗旨的事业
（2）以文化艺术振兴为宗旨的事业
（3）以支援残障人、贫困人群以及事故、灾害和犯罪的受害者为宗旨的事业
（4）以增进老年人福利为宗旨的事业
（5）以支援有劳动意愿者就业为宗旨的事业
（6）以提升公共卫生为宗旨的事业
（7）以保护儿童和青少年健康成长为宗旨的事业
（8）以提高劳动者福利为宗旨的事业
（9）以通过教育、体育等方式促进国民身心健康和人格发展为宗旨的事业
（10）以预防犯罪和维护治安为宗旨的事业
（11）以预防事故和灾害为宗旨的事业
（12）以防止或根除因人种、性别或其他缘由而引发的歧视或偏见为宗旨的事业
（13）以尊重和维护思想自由、良心自由、宗教信仰自由以及言论自由为宗旨的事业
（14）以构建男女共同参与型社会或其他更加美好的社会为宗旨的事业
（15）以促进国际相互理解以及推动发展中海外地区的经济发展为宗旨的事业
（16）以保护地球环境和自然环境为宗旨的事业
（17）以国土的利用、维护和保全为宗旨的事业
（18）以确保国家事务健全运营为宗旨的事业
（19）以健全发展区域（本地）社会为宗旨的事业
（20）以确保、促进、激活公正自由的经济活动以及稳定和提高国民生活水平为宗旨的事业
（21）以保障国民生活所不可或缺的物资和能源的稳定供给为宗旨的事业
（22）以维护和提高消费者权益为宗旨的事业
（23）除上述各项规定之外的、由政令规定的其他公益事业

（二）“财务三标准”的主要内容

“财务三标准”是日本政府在公益法人制度改革过程中首创的针对公益法人的规制措施。具体而言，“财务三标准”主要包括以下内容：

首先，由于“公益认定法”允许公益法人在从事公益目的事业的同时，适当地开展收益事业（《公益认定法》第 5 条第 7 项），为此法律有必要对公益目的事业所占比率作出硬性要求。具体而言，《公益认定法》将公益法人的费用划分为“公益目的事业费用”“法人营运费用”“收益事业等费用”这三大部分并要求公益目的事业费用所占比率必须超过 50%。我们将这项规定称之为“公益目的事业比率规制”。

其次，《公益认定法》对“闲置财产”进行了明确定义，要求公益法人所持有的闲置财产总额不应超过公益目的事业费用一年的总额。我们将这项法律规定称为“闲置财产额规制原则”。

最后，《公益认定法》第 5 条第 6 项规定：“公益法人应预见其所从事的公益目的事业所得收入不超过实施该事业所需合理费用总额。”紧接着，同法第 14 条规定：“从事公益目的事业所得收入不得超过实施该事业所需合理费用总额。”这两条规定被习惯性地统称为“收支相抵原则”。在我们看来，这项原则与前述“闲置资产额规制原则”形成合力，对公益目的事业费用产生强有力的约束。

显而易见，“财务三标准”旨在化解长期存在的“公益法人忙于攒钱而不热衷开展活动”的窘境，同时将其与税收优惠制度进行联动。2008 年，日本政府修订与公益法人相关的税收优惠制度，创设出“公益目的事业非课税制度”“面向公益法人的捐赠金所得扣除制度”“视作税金制度”（即允许公益法人将收益事业收入的 50% 纳入公益目的事业费用范畴）、“视作捐赠制度”（即允许公益法人在收支相抵的上限范围内将收益事业收入纳入公益目的事业费用范畴）等普惠力度极高的税收优惠制度。同年，日本政府还制定实施了契合新公益法人制度要求的《2008 年度公益法人会计标准》。

（三）新旧制度的衔接机制

新公益法人制度于 2008 年 12 月 1 日正式实施后，原有的中间法人全部自动变更为一般法人，而原有的公益法人则自动变更为“特例民法法人”（临时性法人）之后再自行选择是否申请成为新公益法人或一般法人。如果选择前者，需要向政府主管部门提交认定申请。如果选择后者，则需要向政府主管部门提交认可申请。政府主管部门通常需要向内阁府公益认定等委员会或各地方的合议制机关咨询意见，然后再决定是否同意“变更认定”或“变更许可”。新旧制度的衔接期限为 5 年，那些未能在法定期限内提交变更申请的公益法人则被视为解散（图 4）。

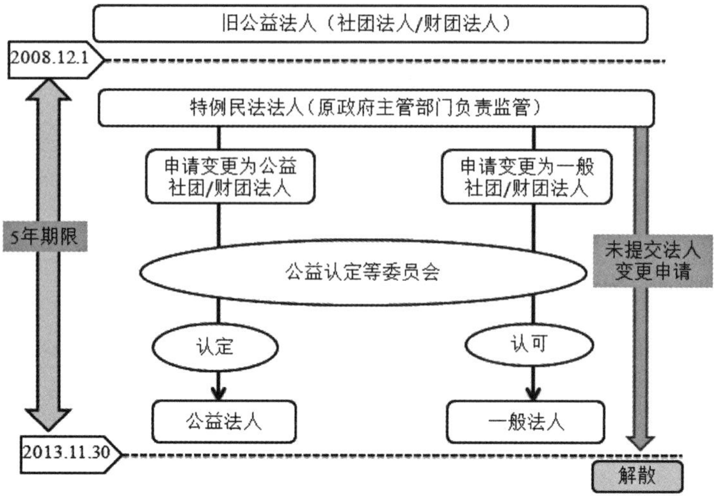

图 4　新旧制度的衔接机制

关于新公益法人制度实施之前的公益法人之概况，日本总务省采取多种方式展开摸底调查并对外发布调查结果《2008 年度公益法人年度报告》（以下简称“08 年度报告”）。在这份报告中，日本政府承认公益法人中确实存在不少互益性法人和与营利法人无异的法人。为此，在新制度实施前夕，原公益法人的政府主管部门根据当时的公益认定标准，将各自管辖的公益法人分成 4 大类别，即“纯正的公益法人”“互助 / 共济团体”“拟变更为营利法人的法人”“其他法人”。

具体而言，（1）“纯正的公益法人”是指那些宗旨和事业仍具备公益性且完全符合公益法人资质的法人。根据“08 年度报告”的统计数据，“纯正的公益法人”共有 20711 家，约占公益法人总数的 84%；（2）“互助 / 共济团体”是指那些宗旨和事业属于互益（追求会员相互间的利益）范畴的法人，包括互助会、共济会、同窗会等团体。根据“08 年度报告”的统计数据，当时属于这类团体的法人共有 3760 家，约占公益法人总数的 15.3%；（3）“拟变更为营利法人的法人”是指其开展的公益事业与营利企业所开展的事业已形成（或可能形成）竞争关系的法人。根据“08 年度报告”的统计数据，当时这类法人共计 29 家，约占公益法人总数的 0.1%。在这些法人中，如有不采取相关措施以提高其公益性的法人，那么它们将被强制变更为股份制公司等形态的营利法人；（4）“其他法人”是指在摸底调查期间无法将其归纳入上述三类法人的法人，其总数为 148 家，约占公益法人总数的 0.6%。

根据日本内阁府的统计数据，截至 2016 年 3 月 31 日，共有 8995 家旧公益法人成功变更为新公益法人，加上 464 家新成立的公益法人，日本现有的公益法人总数已达到9459家。此外，选择变更为一般法人的旧公益法人的数量为11667家，选择合并或解散的旧公益法人数量为3581家。需要顺带说明的是，由于一般法人的设立手续仅限于“登记”，并无政府主管部门，故我们无法对其数量进行准确统计。此外，关于公益法人的活动领域，根据日本内阁府的相关统计，致力于推动本地社会发展的公益法人数量最多，达到3279家。其他领域的公益法人数量分别如下：儿童和青少年领域1880家，老年人福利领域1695家，学术和科学技术领域1550家，文化和艺术领域1548家，教育和体育领域1539家，公共卫生领域1346家，就业支援领域1234家。

综上所述，虽然日本的非营利法人制度在理论上仍存在“加拉帕戈斯化现象”，但通过改革已基本形成“非营利且非公益之法人（互益性法人）– 非营利且公益之法人（公益性法人）”的分类格局（图5）。

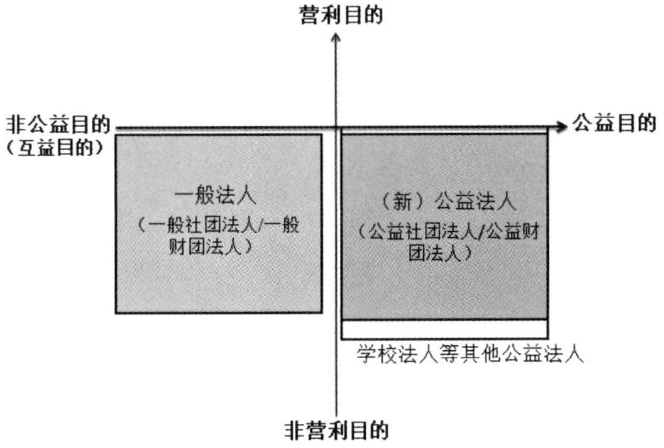

图5　改革后的日本非营利法人

（四）公益认定等委员会制度

如前所述，公益认定法对公益认定标准作出了明确规定，并将这些标准的实质性判定权限委托给独立于政府意志、由民间有识之士组成的公益认定等委员会。与日本相似，英国、新西兰、爱尔兰等国家也采用了这种由第三方机构主导的公益性认定制度。其实，在法律文化上与前述国家迥然不同的日本采用了这种制度，曾一度引起海外的关注（见表2）。在新公益法人制度改革之前，公益认定权限被分散至公益法人的各个政府主管部门，从而导致一直无法形成统一的公益认定标准。更有甚者，不少政府主管部门根据宽泛的自由裁量权，随意地设立有利于本部门利益的公益法人，之后向其投放各种政府补助金并源源不断地输送退休官员进行再就业。此现象即为日本社会深恶痛绝的“官员下凡法人”。为了解决这个制度性痼疾，新公益法人制度将公益认定机构从政府部门中独立出来，并授权其根据法律规定的统一标准进行公益认定。

表 2　世界各国的公益认定等委员会制度

英格兰及威尔士慈善委员会（CCEW）	英格兰和威尔士	1853 年
苏格兰慈善管理办公室（OSCR）	苏格兰	2003 年
新西兰慈善委员会（NZCC）	新西兰	2005 年
（日本）公益认定等委员会	日本	2007 年
新加坡慈善理事会	新加坡	2007 年
北爱尔兰慈善委员会	北爱尔兰	2008 年
澳洲慈善与非营利组织委员会（ACNC）	澳大利亚	2012 年

在日本，公益认定机构分为中央和地方两个层级。在中央层面，内阁府设有内阁府公益认定等委员会。根据《公益认定法》第 35 条的规定，内阁府公益认定等委员会的委员从“人格高尚、能够对属于委员会权限范畴的事项作出公正判定并且在法律、会计或公益法人活动等领域拥有真知灼见的有识之士”中择优挑选，获得两议院同意之后，由内阁总理大臣（首相）任命产生。目前，内阁府公益认定等委员会的委员共有 7 名（其中 3 名为专职委员），任期为 3 年。而在地方层面，各都道府县基于地方自治权限出台相关条例，并根据条例规定设置合议制第三方机构。需要特别指出的是，公益认定等委员会不仅拥有针对一般法人所提交的公益认定申请进行审查的权限，还负责公益法人的日常监管事务，包括公益目的事业变更申请、3 年一次的现场检查、征收报告、劝告、命令、取消认定等事务。此外，公益法人如果被撤销公益认定资格，必须在法定期限内将“公益目的取得财产余额”捐赠给组织宗旨相同或相似的公益法人等组织。通过这种“力求近似原则”（Cy-Pres 原则），我们可以为公益目的事业的非课税、捐赠金所得扣除等针对公益法人的税收优惠制度提供担保。

（五）今后面临的若干问题

诚然，日本的新公益法人制度不失为一项成熟的政策，但在实际运作过程中仍不可避免地出现一些问题。

第一，会计标准问题。截至目前，学校法人、社会福祉法人以及NPO法人等制度仍得以保留，导致非营利法人制度的“加拉帕戈斯化现象”未能得到些许改善。问题尤其严重的是，各非营利法人所采用的会计标准均不相同，从而造成我们很难培养精通非营利法人会计事务的专业人才。如前文所述，日本政府于2008年制定出台了新公益法人会计标准，然而由于这项标准糅入了“财务三标准”，从而造成连注册会计师们都难以弄懂其操作规则，进而导致日本会计实务界无法撰写面向政府部门的相关建议报告。

第二，税收优惠力度不均衡问题。目前，NPO法人与享受税收优惠的认定NPO法人、医疗法人与享受税收优惠的社会医疗法人这两套制度同时并存。此外，虽然学校法人和社会福利法人也享受优厚的税收优惠政策，但在公益法人制度改革的影响下，日本政府正在酝酿旨在强化针对社会福祉法人的课税力度的法案。

第三，构建国际性研究网络的问题。在日本，开展跨国公益活动的公益法人为数不少。然而，不同国家针对公益法人所实施的税收优惠政策均有所差异。如果我们不尽快在制度层面构建起国家间的协调机制，那么这些公益法人的海外活动难免受到由国家间制度之差异所带来的不良影响。

日本经验对中国的启示

与中国非营利组织建设的启动时间大致相同，日本非营利组织的发展却领先中国。究其原因，除了1998年NPO法的实施外，还在于2006年推行的公益法人制度改革。概括而言，日本经验能够为中国社会组织政策的未来发展提供以下几点启示。

（一）提升法人元分类的科学性和严密性

1949年前，清朝末年的《民法草案》和《中华民国民法典》均仿照德日民法典，采取社团和财团的法人元分类。但是，中华人民共和国成立后的第一部民法基本法《中华人民共和国民法通则》基于“构建企业法人”这一政治任务的考量，放弃了社团和财团的法人元分类，转而采取企业法人和非企业法人（机关法人、事业单位法人、社会团体法人）的元分类。近年来，尤其是党的十八届三中全会召开后，鉴于“执政党将发展非营利组织提高到一个前所未有的政治高度”的政治现实，并受《中华人民共和国民法通则》概念路径依赖的影响，2017年颁布的《中华人民共和国民法总则》采取了营利法人和非营利法人的元分类。诚然，这种法人元分类解决了实践中的非营利法人问题，完成了执政党布置的“创新社会体制”的政治任务，但却造成非营利法人制度的“法系糅合”“叠床架屋”以及“空心洞”等问题。

而在日本，受时代和社会环境的制约，明治民法尽管同时采用了“社团和财团”“营利和非营利”这两种元分类，却错误地将“非营利”锁定为“公益”，从而导致那些“非营利且非公益”的组织（即互益性组织）无法找到法人注册途径。为了彻底解决这个问题并进一步丰富非营利法人的多样性，日本政府果断实施公益法人制度改革。目前，尽管日本非营利法人制度仍然存在分化过度的问题，但却能够为所有的社会力量提供选项丰富的法人注册方式。尤其值得指出的是，日本允许财团法人（一般财团法人）以互益为宗旨，这与中国刻意强调基金会法人的公益属性的做法大为不同。简而言之，鉴于日本经验，中国社会有必要进一步反思法人元分类的科学性和严密性问题，尽快制定符合本国国情的《社会组织法》或《非营利组织法》，以此解决非营利法人制度中存在的诸种弊端。

（二）改进慈善组织登记认定制度

2016年出台并施行的《中华人民共和国慈善法》(以下简称《慈善法》)被普遍视为我国社会组织发展史上的里程碑。关于《慈善法》之于中国社会组织的重要性，中国社会组织研究权威王名指出，根据《慈善法》登记或被认定的慈善组织是中国社会组织中最具有公共性、社会性和影响力的主体部分，承担着公益慈善资源配置的基本职能并有可能形成相对独立的公益生态系统，进而构建以公益为核心的新型社会组织体系。对此观点，笔者表示认同。然而我们同时需要正视的是，《慈善法》及其配套政策所规定的慈善组织登记认定制度在实际操作过程中遇到不少问题，包括政策落地滞后问题、自由裁量权问题、工作属性认知问题、慈善组织登记或认定申请机构的权益保护问题以及制度激励不足问题，从而造成慈善组织认定工作进展不顺，进而导致获得慈善组织资格的社会组织数量过少。根据民政部的统计数据，截至2017年6月底，中国社会组织（社会团体、社会服务机构、基金会）的数量已达到72.49万家。然而，截至2017年9月底，全国范围内获得慈善组织资格的社会组织数量共计 2418 家，仅占社会组织总数的 0.33%。

而在日本，如前文所述，鉴于旧公益法人制度因存在公益认定标准缺失、官员自由裁量权过大等问题而造成公益法人的诸种乱象，日本政府在公益法人制度改革中采取“公益认定标准的明文化和合理化”以及“公益认定的第三方主导”等方式，顺利推进公益认定工作并取得预期成效。鉴于日本经验，我们有必要全面检视慈善组织登记认定制度，修订和完善慈善组织登记认定标准以提高其明确性、可操作性以及可预见性，同时在可控的范围内建立类似日本第三方合议制机构的专家咨询委员会，以提高慈善组织登记认定的公平性和透明性。

（三）完善非营利组织税收优惠制度

在中国，非营利组织税收优惠政策可以分为两个层次：一是针对非营利组织本身的税收优惠政策；二是针对向非营利组织捐赠的企业和个人的税收优惠政策（即公益性捐赠的税收优惠政策）。按照税种划分，这两类税收优惠政策均包括所得税的优惠政策、流转税的优惠政策以及财产税的优惠政策。客观地说，中国的非营利组织税收优惠政策已初具规模，普惠力度并不弱。然而，那些已成功登记注册的非营利组织并不能自动享受所有税收优惠，还须根据规定另行向财政部门和税务部门提交税收减免资格认定申请（例如非营利组织免税资格认定申请、公益性社会团体公益性捐赠税前扣除资格认定申请）。据笔者的观察，由于免税资格认定条件较为苛刻，加上免税资格认定工作涉及多个政府部门，实际获得税收减免资格的中国非营利组织的数量并不多。以上海市为例，截至 2017 年 7 月 4 日，上海市登记注册的社会组织已达到 14568 家，然而获得非营利组织免税资格的社会组织仅有 1066 家，只占社会组织总数的 7.3%。此外，关于慈善组织的税收优惠，除了通过修改《企业所得税法》使得《慈善法》第八十条所规定的“企业慈善捐赠支出结转扣除”得以落地之外，其他税收优惠政策目前仍在研究制定中。

而在日本，不仅法人型非营利组织可以享受相应的税收优惠政策，而且非法人型非营利组织（即未登记为法人的任意团体）也能享受诸如会费非课税的税收减免政策。更值得我们关注的是，日本非营利组织的公益性认定与税收减免资格认定融为一体，即获得公益性认定资格的非营利组织自动享受税收减免待遇。以公益法人为例，通过第三方机构（公益认定等委员会）认定的公益法人无须另行向税务部门提交税收减免资格认定申请，而是自动享受相应的税收减免待遇。此外，日本政府还创设出“视作税金制度”以及“视作捐赠制度”等旨在鼓励公益法人通过适当开展收益事业（营利性事业）以实现组织的自我“造血”功能。鉴于日本经验，中国应进一步研究和完善非营利组织税收优惠政策，包括降低税收减免资格认定条件，构建财政、税务和民政等政府部门之间的沟通协作机制，以及创设有利于慈善组织自我“造血”的税收减免政策。

（作者简介：俞祖成，上海外国语大学国际关系与公共事务学院副教授，曾执教于日本同志社大学综合政策科学研究科；出口正之，日本国立民族学博物馆（综合研究大学院大学）教授，曾担任日本内阁府公益认定等委员会委员与国际第三部门研究会［ISTR］会长）

慈善文化

慎终追远，民德归厚矣。

——《论语·学而》

试论习近平关于慈善重要论述的主要内容和特点

周秋光　胡远志

引言

慈善事业的发展事关我国社会主义和谐发展，是中国特色社会主义事业的重要组成部分。习近平对慈善问题发表的重要讲话和相关论述，具体可以概括为：肯定慈善事业的积极作用，推进慈善助力精准扶贫，坚持依法开展慈善工作，发挥慈善对医疗教育养老助残等民生作用，凝聚各界力量投身慈善事业，重视慈善文化传播与对外交往等。这些论述既受到中国传统文化的影响，也受到马克思主义经典著作的影响，还受到习近平本人成长和从政经历的影响。习近平有关慈善的重要论述对于提升人民群众的获得感安全感幸福感、促进社会公平正义具有重要作用。

慈善事业是中国特色社会主义事业的重要组成部分。习近平对慈善事业发展高度重视，先后在多个场合发表了一系列重要论述，从慈善事业的重要作用、以精准扶贫为重点开展慈善活动、推进“依法行善”“依法治善”、培育和规范各类慈善组织、弘扬慈善文化、凝聚社会各界力量、加强疫情期间的监督管理等多个方面，对加强和改进慈善工作，更好地保障和改善困难群众民生进行部署，是习近平新时代中国特色社会主义思想的重要组成部分。这些论述虽然是在不同场合不同背景下阐述的，但却是紧密联系、相互融合的，是内在联系、相互贯通的科学系统理论，其理论与实践价值集中体现于六个重要的维度：坚持慈善为民、依法行善的基础，坚持精准扶贫、扶危济困的重点，坚持社会参与、履行责任的原则，坚持改革创新、与时俱进的策略，坚持弘扬风尚、传承文化的价值，坚持慈善交往、国际合作的方向。充分彰显了习近平始终坚持以人民为中心的价值追求、执政为民的使命情怀、改革创新的责任担当和把共享作为发展的出发点和落脚点的发展理念。

习近平关于慈善重要论述的主要内容

习近平在多个重要场合就发展慈善事业发表系列重要讲话或署名文章，特别是将发展慈善事业写入党的十九大报告，签署主席令公布《中华人民共和国慈善法》(以下简称《慈善法》)，把慈善事业作为社会保障体系的重要补充，指导出台了一系列鼓励慈善事业发展的政策措施，积极促进慈善事业持续健康发展。对这些论述的研究，目前已经发表的相关论文不多，主要集中在内容的研究归纳和提炼，如黄树贤在《学习贯彻习近平总书记关于民生民政工作的重要论述 奋力开创新时代民政事业改革发展新局面》一文中，突出强调了习近平对慈善事业工作任务的论述，强调要始终秉持守望相助、扶危济困的传统美德，并通过借鉴国外的成功经验，不断创新我国慈善事业发展模式，实现包括企业、个人、社会组织等全社会在内的广泛参与。方圆在《习近平公益慈善思想述论》作了粗略梳理，认为："习近平从战略高度谋划了公益慈善事业发展的顶层设计；立足社会组织多元存在的背景，注重在公益慈善事业发展中发挥社会力量的作用；坚持人民主体地位，依靠人民群众发展公益慈善事业。"王银春在《慈善实践与新时代道德建设》中，分析了习近平相关论述中关于慈善对道德建设作用的阐释，将慈善看作一种道德实践活动，具有广泛群众性、持续性、有效性等特点。从已经发表的习近平系列重要讲话有关慈善的表述来看，这些论述主要集中在以下几个方面：发展慈善事业的重要意义，聚焦精准扶贫开展慈善事业，以《慈善法》为基础深化"依法行善""依法治善"，弘扬和传播慈善文化，加强对慈善事业的领导，凝聚各界力量，开展慈善交往。具体而言，主要体现在以下几个方面。

（一）充分肯定慈善事业的积极作用

慈善在弘扬社会文明、缩小贫富差距和促进社会和谐进步方面具有重要的积极作用。2007 年 1 月 17 日，习近平在担任浙江省委书记时，就在《浙江日报》"之江新语"栏目发表文章《在慈善中积累道德》，强调慈善的重要作用，并号召人人参与到慈善行动中来。慈善是一种广泛的群众性的道德实践。广泛性和群众性体现在无论处于什么样的社会阶层，无论秉持何种价值观，只要关心和支持慈善事业，就能够参与到其中来，便能够促进社会更加文明和谐。这种实践是慈善意识、慈善行动、慈善事业的综合体。这段论述充分说明了慈善对于社会文明与和谐的重要作用，是人人可为的爱心事业，我们需要用道德的尺度丈量人生，用慈善的温度惠及民生。在党的十九大报告中，习近平十分强调社会保障体系建设，指出要从制度层面保障慈善事业、社会福利等事业的发展，完善对留守儿童、老年人等困难群体的服务体系。综上，习近平认为慈善具有重要的社会意义，对于个人和组织而言，有助于提高社会责任感，有助于提高公众形象；对于整个社会而言，有助于促进社会公平和福利的提升，有利于弘扬社会主义荣辱观，有助于增强社会凝聚力，进而提升整个社会的文明程度。

（二）推进慈善助力精准扶贫

习近平十分重视发挥慈善在精准扶贫中的作用，在一些关于扶贫的讲话中多次提到慈善事业，要求通过慈善整合全社会爱心资源投入精准扶贫中，特别是参与因病致贫救助。如在2015年的中央扶贫开发工作会议上强调，要始终秉持守望相助、扶危济困的传统美德，并通过借鉴国外的成功经验，创新我国慈善事业发展模式，实现包括企业、个人、社会组织等全社会在内的广泛参与。同时应充分利用慈善事业吸纳的社会资源，这些帮扶资源要与基层贫困户实现精准对接。习近平强调，发挥社会主义制度优势，重点关注深度贫困地区公共服务、基础设施和基本医疗保障等问题，实现集中力量办大事……同时加大对因病致贫群众的帮扶力度，并对那些产业扶持和就业帮助作用乏力的家庭提供政策性保障兜底。在强调慈善对于精准扶贫的重要作用时，习近平指出不能通过慈善救济养懒汉，而是要充分调动群众积极性。如2015年11月27日，在中央扶贫开发工作会议上强调，扶贫不等同于慈善救济，其关键是要通过政策支持和引导等方式，使得所有具备劳动能力的人，依靠自己的双手，创造美好未来。值得注意的是，党的十八大以来，慈善事业开始与“精准扶贫”紧密联系在一起，这一点也可以从党中央出台的相关文件中看出，比如，《中共中央关于全面深化改革若干重大问题的决定》充分肯定了慈善事业在扶贫济困过程中的积极作用，《中共中央关于制定国民经济和社会发展第十三个五年规划的建议》也对慈善事业与社会救助、志愿活动等作出了相关指导。

（三）坚持依法开展慈善工作

习近平对全面依法治国高度重视，担任中央全面依法治国委员会主任，积极推动完善法治建设工作，切实提高立法工作质量，为推进改革发展营造了良好法治环境。特别是亲自推动《慈善法》立法工作，2016 年 2 月 18 日，习近平主持召开中央政治局常委会会议，听取关于慈善活动的税收优惠等问题的专门汇报，并作了重要讲话，还就进一步修改完善好草案作出重要指示。同年 3 月，习近平出席第十二届全国人民代表大会第四次会议。此次会议高票通过了《慈善法》，并于 2016 年 3 月 16 日，签署主席令，发布《慈善法》。该法自 2016 年 9 月 1 日起实施，是我国慈善领域第一部专门的法律，也是最具基础性和综合性的法律，开启了依法行善、促善和治善的新时代。在此之前，涉及慈善活动的相关法律有《公益事业捐赠法》《信托法》《红十字会法》等。此外，还有国务院制定的《基金会管理条例》《民办非企业登记管理暂行条例》等行政法规。这些法律或行政法规对某一方面或某些主体的行为作出了规定，在促进慈善事业发展方面发挥了重要的作用，但并不全面。而《慈善法》是一部全面规定慈善活动的法律。通过这部 12 章 112 条的法律，进一步明确了慈善活动的边界和定义，从制度和法律层面规范了慈善组织的资格，并对慈善组织的行为作出了规范，进一步明确了慈善信托制度。该法也回应了具有高度社会关注性的慈善捐赠等问题，并从制度层面提出了对慈善组织监管的措施。在疫情防控期间，习近平对慈善组织提出了主动接受社会监督的要求，强调“慈善组织、红十字会要高效运转，增强透明度，主动接受监督，让每一份爱心善意都及时得到落实”。

（四）发挥慈善对医疗教育养老助残等民生作用

慈善是人类文明的表现，慈善事业的发展程度标志着一个社会的文明程度。慈善已成为现代国家治理中，除政府、市场之外的第三种社会资源分配方式。习近平既十分重视扶老、救孤、恤病、助残等传统的善行，也很重视促进教科文卫体等的慈善活动。如他在主持召开中央全面深化改革领导小组第十九次会议强调：“推动基本医保、大病保险、医疗救助、商业健康保险、社会慈善等衔接配合，努力构建多层次的医疗保障体系。”这就将慈善的力量纳入全社会医疗保障体系中，实践中许多大病募捐救助就是通过慈善机构进行的，还有一些基金会将募集的善款用于白内障、肿瘤、艾滋病等防治。在十八届中央政治局第三十二次集体学习时，习近平围绕推动老龄事业全面协调可持续发展这一主题，也专门强调了慈善，从制度层面提出了促进老龄事业发展的对策，如老年人监护制度、老年人相关保险和福利及救助相衔接的照护保障制度等；此外从政策层面为老龄事业提供了保障，如制定扶助老年人慈善支持政策等，强调这些政策要与其他激励政策、服务政策等形成合力。提出要保证城乡社区老龄工作有人抓、老年人事情有人管、老年人困难有人帮。要健全社会参与机制，发挥有关社会组织作用，发展为老志愿服务和慈善事业。这充分肯定了慈善制度与慈善事业对养老的作用。2014 年 5 月 16 日，习近平在北京会见第五次全国自强模范暨助残先进集体和个人表彰大会受表彰代表，并发表重要讲话时强调："助残先进以及他们所代表的关心和帮助残疾人的社会各界人士，也堪称楷模，引领社会风气。'赠人玫瑰，手留余香。'大爱无疆、仁者爱人。这种舍己为人、乐善好施的高尚品质，是社会主义核心价值观的具体体现，是中华民族传统美德的具体体现。"他对助残先进乐善好施的行为高度评价，认为体现了中华民族的传统美德和社会主义核心价值观。2018 年 11 月 12 日，习近平在会见香港澳门各界庆祝国家改革开放 40 周年访问团时，对香港澳门各界的慈善之举也予以高度评价，点名表扬了关心教育科技事业的邵逸夫、田家炳，他说："大家无偿捐助内地的教科文卫体和扶贫济困等公益事业，不只是为了行善积德，而且是基于与内地人民的同胞之情。比如，邵逸夫先生对内地公益捐款超过 100 亿港元，田家炳先生为了捐助内地教育慈善事业甚至卖掉自己的别墅，晚年租着公寓住。"这充分肯定了港澳慈善人士守望相助、血浓于水的同胞之情。

（五）凝聚各界力量投身慈善事业

当前，"慈善事业在中国社会正逐渐被公众认可和接受，但总体上还十分落后"，也在法规政策和慈善组织能力等方面存在一些壁垒。这就需要党和政府这个导航者、调控者和监督者，不断地引导和支持更多的社会力量关心和参与慈善。早在担任浙江省委书记时，习近平便撰文提出企业家、各类组织和爱心人士要积极参与慈善事业，为社会和谐作出贡献。如在"之江新语"署名文章中他对浙江的企业家提出了殷切期望，指出企业家要秉持"兼济天下"的精神，积极主动地加入慈善事业中来，以自己的实际行动承担自己的社会责任、发扬自己的善行，提升自己的人生价值和社会价值。2016 年 3 月 4 日，他在看望参加政协会议的民建工商联委员时强调"广大民营企业要积极投身光彩事业和公益慈善事业，致富思源，义利兼顾，自觉履行社会责任"，鼓励企业家投身慈善事业，积极履行对社会的责任。他还十分重视少数民族地区的慈善事业，推动包括少数民族干部在内的各界力量投身慈善事业，如在接见西部战区空军某基地司令部通信站女兵连连长米合伦沙·阿不都时，听说她已先后资助贫困家庭儿童38人，被评为中国儿童慈善30年感动人物、新疆拥政爱民模范先进个人后，习近平给予高度赞扬，深情地说："我非常希望培养出越来越多优秀的少数民族干部。"

（六）重视慈善文化传播与对外交往

在当前经济全球化、交流信息化的时代背景下，我们身处的地球村早已不是彼此隔离的世界，而是一个彼此依存的命运共同体。公益慈善超越国界、语言和种族，是人性最真挚、最鲜明的体现，既是高层外交中的重要内容，也是民间交往中的重要抓手。习近平十分重视在对外交往中运用慈善文化传播，如2013年在会见美国前总统克林顿时，充分赞赏他在担任美国总统期间为推动中美关系发展作出的积极努力，对克林顿卸任后同中国在扶贫、慈善、卫生防疫特别是艾滋病防治等领域开展有效合作表示肯定。2014年6月28日，习近平出席和平共处五项原则发表60周年纪念大会并发表主旨讲话，其间他在谈到和平共处五项原则在亚洲诞生的原因时，也提到亚洲人民崇尚和平、慈善的思想传统。习近平从中华民族传统文化中汲取营养，指出和而不同、兼爱非攻等理念与其他国家推崇的优秀文化具有共同之处。如印度、缅甸等亚洲国家人民也历来崇尚仁爱、慈善、和平等价值观。这些论述充分展现了习近平重视慈善文化传播与对外交往在构建人类命运共同体中的作用。

习近平关于慈善重要论述的思想来源

习近平新时代中国特色社会主义思想的民生观是"坚持在发展中保障和改善民生"。这一民生观也是习近平有关慈善论述的重要观点，这些思想不是凭空产生的，既受到中国传统文化的影响，也受到马克思主义经典著作的影响，还受到习近平本人成长和从政经历的影响。

（一）中国传统文化中的慈善思想影响

党的十八大以来，习近平非常重视中华传统文化的作用，尤其是赋予其新的时代内涵，并运用中华传统文化中的精华治国理政，应对国内外重大挑战，有力地凝聚了民族精神。中国传统的慈善互助理念由来已久，如“小康”“大同”“仁义”“老吾老以及人之老”“养生丧死无憾”等孔孟思想精髓，目的是要人民小康，天下大同；《道德经》中“我恒有三宝，持而保之，一曰慈，二曰俭，三曰不敢为天下先”，三宝之中“慈”在首位，意指以慈爱之心慈爱天下苍生；佛法道义讲求慈悲观，要求以慈爱之心给予他人幸福。这些传统文化的慈善思想对习近平产生了较为显著的影响，他在多个讲话场合引用经典，如“德不孤，必有邻”“仁者爱人”“与人为善”“己所不欲，勿施于人”等。已有多个研究证明儒家文化倡导的“仁者爱人”“先义后利”及“天下为公”等伦理价值对慈善捐赠具有显著的促进作用。习近平认为，这些带有鲜明民族特色的思想观念，既可以随着时间推移和时代变迁与时俱进，又可以保留其自身的连续性和稳定性，具有永不褪色的时代价值。这些思想理念也逐渐构成了中国人独特的精神世界，内化为日用而不觉的价值观。例如今天所提倡的社会主义核心价值观，正是中华优秀传统文化的传承和升华的充分体现。从传统文化到习近平关于慈善的论述是继承与发展创新的，随着时代的变迁，在扬弃之中推动慈善思想的发展与运用。

（二）马列主义经典著作中的慈善思想影响

马克思主义是为了追求全人类解放的主义。相较于逃避资产阶级社会矛盾的古典经济学派和为资产阶级辩护的庸俗经济学派，马克思主义第一次站在人民的立场，探求人类解放的道路，主张建立一个没有剥削和压迫的社会。具体到慈善观，马克思和恩格斯通过对资本主义社会的虚假慈善予以无情揭穿，强调只有通过社会变革和社会实践，才能使得大多数人过上幸福的生活，给每个人都提供自由选择的权利和机会。据此，马克思恩格斯提出了人的自由全面发展的慈善观。习近平将马克思的慈善观纳入社会建设相关论述之中。

中华人民共和国成立以来，党和政府组织开展社会救济活动，提出积极生产自救、因需而异、救人救心等慈善理念，提升了近代慈善思想的内涵，为中国现代慈善思想的形成奠定基础。邓小平理论对慈善有着新一层次的解读。邓小平理论从社会主义本质出发，指出在实现共同富裕最终目标之前采取先富带后富的方法，“提倡有的人富裕起来以后，自愿拿出钱来办教育、修路”。邓小平慈善理论认为实现人类全面解放是马克思主义关于慈善的最终目标，慈善理念是社会主义本质的一种表征，是经济发展的矫正与平衡器。胡锦涛在党的十七大报告中指出慈善事业是社会保险、社会救助等的基本补充。习近平则继承并发展了马克思主义、毛泽东思想以及中国特色社会主义理论体系中关于慈善理念的论述。他认为，学习马克思，就要学习和实践马克思主义关于社会建设的思想；要坚持以人民为中心，牢牢抓住人民最关心的现实利益问题，不断保障和改善民生，在更高水平上实现幼有所育、学有所教、劳有所得、病有所医、老有所养、住有所居、弱有所扶，让发展成果惠及全体人民，促进社会公平正义，实现共同富裕。

（三）个人成长与主政经历的影响

延安梁家河村插队的艰苦经历，对习近平青少年时期的价值观养成有着非常重要的作用，在这里他与乡亲们打成一片，结下深情厚谊，离别时依依不舍，人离开了却“把心留在了这里”。担任外地领导干部后，他对梁家河乡亲梦绕魂牵，“几回回梦里回延安”，还经常帮助有困难的梁家河乡亲，千方百计为梁家河的发展提供帮助。梁家河村民吕侯生讲述的《近平给我治腿病》的故事，就是一个例证。吕侯生因腿疾，向当时在福建任职的习近平写信求助，习近平立即寄来500元路费邀请吕侯生到福建治病。1999年10月底，吕侯生在山西做了截肢手术，习近平得知后又替他支付了所有的医药费。这个故事正是习近平亲身实践慈善的生动诠释，习近平对吕侯生的帮助不是上位者的恩赐与施舍，而是在深厚群众性与社会性中的互爱、互帮、互助，体现了慈善的定位。

习近平大学毕业后，从河北正定到福建，从浙江到上海，再到中央，历经不同的岗位，都对慈善事业和民生建设倾注了心血，这些经历也对他的慈善观产生了重要的影响。如早在2002年，时任福建省省长的习近平就强调公民道德建设，并重视慈善事业的发展，指出要聚集广大群众广泛参与慈善业。在浙江担任省委书记时，习近平也曾强调，“慈善事业是惠及社会大众的事业，……在促进社会和谐中的作用日益显现”。他在上海工作时引用的像“授人玫瑰，手有余香”等语句传播很广，这句话本身就是慈善最好的宣传。需要注意的是，不同岗位的对外交往经历也对习近平的慈善论述形成了影响。他多次在讲话中为热心慈善事的国际友人点赞。如2015年10月，习近平在英国议会发表讲话时，满怀深情地提到了以个人身份来华开展“为和平行走”徒步中国活动的英国内政部国务大臣、枢密院顾问官麦克·贝茨勋爵。2015年7月，贝茨勋爵和夫人从北京出发，途经河北、山东、江苏和浙江，历时 71 天，总行程 1701 公里，其间所有费用均由他们自己承担，而沿途募集的 50 多万元善款全部捐赠给了中国红十字会慈善项目。这种慈善大爱的精神，受到了习近平的高度肯定，表明了习近平对慈善的赞赏。此外，习近平非常重视社会组织参与慈善事业。他在《推进企业社会责任感建设》中表示，“企业在自身发展的同时，应该当好‘企业公民’，饮水思源，回报社会，这是企业不可推卸的社会责任”，指出企业在社会发展中应该承担的社会责任。这些经历与理念在《慈善法》中得到深刻的体现。以习近平同志为核心的党中央重新定位了公益慈善事业，必然带来慈善事业与理念的发展和创新。

习近平关于慈善重要论述的理论特点

习近平关于慈善的重要论述思想深邃、内涵丰富、博大精深，贯穿着历史担当意识、真挚为民情怀、务实思想作风、科学思想方法，我们必须要从理论与实践相结合的角度，来深刻认识、全面理解和准确把握。

（一）继承传统，取其精华助力发展

慈善文化是中华优秀传统文化宝库中的一颗璀璨夺目的明珠，是社会主义核心价值观和民族精神的重要组成部分，是慈善事业的思想道德基础。《论语》提到“仁者，爱人”。《孟子》也有“恻隐之心，仁之端也”的记载。这说明，几千年来，儒家思想之所以流传至今、历久弥新，一个很重要的原因就在于它推崇人心向善的仁爱思想。习近平十分重视慈善文化传播，他在 2015 减贫与发展高层论坛上发表主旨演讲时引用了“仁义忠信，乐善不倦”的古语，指出：“中华文化历来具有扶贫济困、乐善好施、助人为乐的优良传统。”这说明从传统文化中汲取和传播慈善价值是他关于慈善论述的特点。推进慈善事业，关键在于弘扬文明风尚、传承慈善文化。这一特点要求面对慈善事业发展中出现的新情况和新问题，我们应该研究传统文化中的精华，借鉴其关于扶贫济困、乐善好施的精神，引导慈善事业的发展。

（二）依法行善，注重制度建设

坚持慈善为民、依法行善的理念。中国共产党的性质和宗旨都表明，实现社

会公平正义是我们党的一项政治主张和奋斗目标。党的十八大报告便开始强调支持慈善事业发展。十九大报告则进一步明确指出，要统筹城乡社会救助体系，完善社会救助、慈善事业等制度。而《慈善法》的出台标志着我国慈善事业进入了依法行善、依法治善、依法促善的新阶段，“对善事业进行合理定位并进一步完善慈善法制对中国慈善事业发展具有重要意义”。习近平关于慈善的重要论述充分体现了慈善为民、依法行善的原则。为公取义，慈善之要。毛泽东同志一句“为人民服务”充分说明了共产党人执政为民的价值追求。慈善事业是改善民本民生、完善社会保障体系的一个重要抓手。在推进慈善事业中，我们必须秉承全心全意为人民服务的根本宗旨，整个推进过程始终贯穿以人民为中心的思想，通过慈善事业，持续提升人民群众的获得感、幸福感、安全感。

（三）推动创新，提供发展新思路

坚持精准扶贫、扶危济困的重点。中国的慈善事业与精准扶贫、扶危济困紧密相连，可以说精准扶贫为慈善活动搭建了重要的平台。习近平非常重视慈善和精准扶贫之间的内在联系，指出要创新慈善事业制度，鼓励社会各主体参与到脱贫攻坚工作中。同时也强调扶贫和慈善的内在关系。一方面要发挥政府和社会的作用来构建大扶贫格局，进而调动各方面积极性，引领市场、社会协同发力。另一方面杜绝养懒汉，将有限的慈善资源投入更需要帮助的地方去。实践证明，党的十八大以来各级慈善组织聚焦精准扶贫发挥了重要作用。2020 年农村贫困人口要实现全部脱贫，这就要求广大慈善力量要按照党中央“真扶贫、扶真贫”的要求，密切配合政府部门，重点针对深度贫困地区、贫困人群的需求募集爱心资源、开展慈善项目，既要在医疗帮扶、教育扶贫、定向援助等传统慈善项目中产生实效，也要在产业扶贫、生态扶贫、基础设施建设等扶贫项目中发挥作用，还要在农村社区营造、创业就业培训、乡村文化活动等“扶智”“扶志”项目中做出特色。坚持社会参与、履行责任的原则。习近平指出，慈善事业是一项全民的事业，必须充分激发全民的爱心、调动整个社会的热情。他还曾在浙江慈善大会上号召企业家加入慈善事业中来，鼓励社会各界参与慈善，激发社会各界参与慈善的热情，营造社会各界心怀慈善参与慈善的氛围。这是习近平有关慈善论述的又一鲜明特点。这一特点也是新时代构建共建共治共享的社会治理格局要求的具体体现。根据这一特点的要求，促进慈善事业的发展，首先需要在全社会树立大慈善的思想观念，宣传“人人为我、我为人人”的慈善观念，既要注重富裕阶层的作用，也要充分挖掘最广大民众的深厚资源。利用各种形式的活动广泛开展慈善活动，通过各种类型的捐赠提高捐赠在民政业务中的比率，切实地提高广大民众慈善活动的参与率，有效地扩大慈善活动的受益面。

（四）与时俱进，总结经验，顺应趋势

坚持改革创新、与时俱进的策略。改革开放 40 多年，我国慈善事业紧抓时代机遇，积极探索，发展形成了独有的中国特色。2019 年 4 月，第十四次全国民政会议前夕，习近平对民政工作作出重要指示，强调民政部门要通过党的建设和改革创新，不断地在脱贫攻坚、民生保障、基层治理方面有所突破，要聚焦民众关切，聚焦困难群体和特殊群体。坚持改革创新、与时俱进是慈善事业发展进步的鲜明特色，也是习近平对包括慈善在内的民政事业发展的重要要求。在新时代大背景下，要坚持改革创新的理念，不断丰富整合社会资源的方式和方法，不断创新政府购买服务的路子，不断创新慈善方式，创新募捐方法和救助方式。这就需要树立大慈善观念，利用“看得见的手”和“看不见的手”将行政化资源和市场化资源整合起来，形成合力，推动慈善事业的发展，利用“互联网 +”的力量整合社会资源，积极探索网络慈善、微信慈善等方式。坚持慈善交往、国际合作的方向。2013 年习近平首提出“人类命运共同体”的倡议。这一重大倡议呼吁在国际社会中树立一个“你中有我、我中有你”的共同体意识。构建“人类命运共同体”是慈善事业的伟大目标，也是全球慈善人士共同的努力方向。2019 年 6 月 7 日，习近平在出席圣彼得堡国际经济论坛全会的致辞中表示要从精准脱贫、促进就业、发展职业教育、支持志愿服务、发展慈善事业、保障困难群体等角度与世界各国共同努力，协同促进减贫等工作开展，为全世界人民带来更多的获得感、幸福感和安全感。这一论述，充分体现了推进慈善事业国际交往与合作的鲜明态度。随着全球化进程不断加快，慈善地域空间的不断开放，慈善活动及其项目实施不仅局限在一个行业，也不局限在一国家和地区，而是出现了全球化的趋势，也成为不同地区、不同国家交往合作的重要内容。一些慈善家开展的慈善项目一般不受地域、行业、国别的限制，只要符合资助条件的人都可以成为受益者。因此，从这个意义上说，慈善开放化、全球化程度越高说明世界人道主义水平就越高。这说明慈善事业在国际合作中扮演的角色越来越重要。我们推进慈善事业，必须树立世界眼光和全球观念，深入实行对外开放，密切加强国际交流和合作，善于利用和使用全球的慈善资源，为解决区域性或世界性的紧迫问题而持续注入动力，进而不断推进人类命运共同体建设。

结语

习近平关于慈善重要论述，是习近平新时代中国特色社会主义思想的重要组成部分，对于提升人民群众的获得感安全感幸福感、促进社会公平正义具有重要作用。我们要在实践中认真学习，进一步健全完善慈善监管体系，出台更多的政策鼓励慈善事业的发展，同时理顺相关的体制机制，规范和透明慈善活动，让社会各界支持慈善、参与慈善的氛围更加浓厚，使慈善事业成为全面建成小康社会的重要力量。

（来源：《湖南社会科学》2020 年第 5 期）

“善志”与“善智”
——孔子的启示

李清栋　刘丽波

引言

慈善不是一个用钱衡量的部门，其核心价值不是创造物质财富，而在教化人心，敦厚风气，解决社会问题，即以善行感化世人、弥合不公，让为恶之人越来越少，为善之人越来越多。如此，社会必然日趋向善、不断完善。

谈中国文化，离不开孔子；谈慈善文化，也不例外。太史公有言：“《诗》有之：‘高山仰止，景行行止。’虽不能至，然心向往之。余读孔氏书，想见其为人。天下君王至于贤人众矣，当时则荣，没则已焉。……孔子布衣，传十余世，学者宗之。……可谓至圣矣！”孔子成圣立教，其仁爱精神深入民心，伴随国人生生不息。故有人言，半部论语，可治天下。

今之慈善，是门专业，是个行业；古之行善，主要还是个人修行。但是，无论古今，慈善本质上都是爱心与义举的结合，具有强烈的道德底色。孔子基于世道人心的洞察，在人伦日用上发力，将个人修身进德与兼济天下合二为一，以此教化天下。今日为善，依然可以借助圣人的智慧。

为仁由己，推己及人

从根子上讲，慈善基于爱人之心。这个爱人之心，用孔子的表述，就是“仁”。“仁者爱人”就是此意。没有爱人之心，何谈利人之举？为学、修身、成人、处世、为政，万般不离“仁心”，这就是“求仁得仁”。相反，人无“爱人之心”，就“非人哉”。

对于什么是“仁”，置身法家的韩非子看得透彻。《韩非子・解老》原本是阐释老子道家思想的名作，却一语说中了“仁”的意涵：“仁者，谓其中心欣然爱人也；其喜人之有福，而恶人之有祸也；生心之所不能已也，非求其报也。”“仁”，爱由心生，希望别人好，不希望别人坏；就是自我生发、不求回报的爱人之心。学而为己、克己复礼、见利思义、忠恕一贯、诺必信守、知耻近勇等种种修为，都是为了修成“仁之全德”，生发“爱人”之心，以泛爱众而博施济众、天下大同。有仁者之心，为人才能成君子，为政才能行仁政，为学才能成大人儒，为善才能是“为仁由己”的自由选择。孔子之“仁”，直击人心，切中慈善的要害。

《论语》有几十处提到仁。在不同的场合，针对不同的学生和不同的问题，孔子多侧面、多维度地解释何为仁，如何得仁、如何行仁道。他对颜渊说：“克己复礼为仁。”有一次对樊迟说：“爱人。”还有一次，则对樊迟说“仁”就是：“居处恭，执事敬，与人忠。”孔子以诲人不倦的师道精神，启发弟子们反复体味、温故知新、由知到行。在孔子的思想体系中，“仁”居于“主位”，实为人道之本，其他诸如“礼、乐”等，只是“求仁”即修德之辅佐。孔子有言：“人而不仁，如礼何？人而不仁，如乐何？”（《论语·八佾》）意思是说，人没有仁，还谈什么礼乐，谈那些还有什么用呢？！

孔子之学，是为己之学，事不顺遂，都要反求诸己，从自己身上找原因。“君子求诸己，小人求诸人。”（《论语·卫灵公》）《中庸》亦有言：“子曰：‘射有似乎君子。失诸正鹄，反求诸其身。’”射鹄不中，不能怪“鹄”，要反求诸己。所谓反省之功，正是此意。以此修心，成为仁人，再推己及人，由近及远，才能修齐治平。正如孔子所言：“仁远乎哉？我欲仁，斯仁至矣。”（《论语·述而》）为仁由己，一切从我开始，从当下开始，从眼前事开始，从身边人开始。这才是行稳致远的为善之道。

求仁为善，容不得半点浮华，而这正是当下慈善界的流行病。“刚、毅、木、讷，近仁。”（《论语·子路》）夸夸其谈、做一说百，偶为一善，终生不忘。此类行为虽谈不上为恶，起码不值得称颂。慈善的出发点是助人——帮助那些陷入困境之人，而不是炫耀自己。所谓的高调慈善、暴力慈善，其目的不在行善，而是彰显自己。此种“慈善”，与儒家文化的修身进德、止于至善的人生追求，恰恰背道而驰。以此种方式助人，难以“立人”，反而败义。

己立立人，止于至善

《大学》开宗明义：“大学之道，在明明德，在亲民，在止于至善。”修身求仁是一个渐化渐成的过程，是一个不断完善、止于至善的过程。“至善”就是最高的善，是理想的、完美无缺的最好状态，而止于至善，就是不断革新自我、永无止境的人生态度。至善并不是现实的存在，而是一种理想中的应然。

智慧的孔子，对此洞若观火。因此，在现实生活中，孔子并没有把“仁”放在高高在上的天国，把“求仁”当作遥不可及的海市蜃楼。倡导“仁”，是为了激励世人迁恶向善，而不是为了断绝世人为善成仁的念想。孔子终其一生，都在诱导弟子、世人，努力修身成仁，多做点利人、利民、利世的善事。这从他与“首富”弟子子贡的对话中可见一斑。“子贡曰：‘如有博施于民而能济众，何如？可谓仁乎？’子曰：‘何事于仁，必也圣乎！尧舜其犹病诸！夫仁者，己欲立而立人，己欲达而达人。能近取譬，可谓仁之方也已。’”（《论语·雍也》）就是说，博施于民而能济众，即使尧舜那样的圣君，也难以做到，何况一般的“仁人”。

“博施而济民”，是当下慈善界人士常挂在嘴边的名言。一些慈善组织，经常以此阐明机构的宗旨、使命，可谓目标高远、主题宏大。但是，在孔子看来，这很难做到。行仁爱之心的慈善组织，能做到“己欲立而立人，己欲达而达人”已是不易，更为关键的是，要立足当下之事、关切身边之人，即“能近取譬”，才是为善的基本方法。

“己立立人，达己达人”，话易说，事难做。发生在孔子身上的一件小事，即可印证。《论语·述而》记载：“互乡难与言，童子见，门人惑。”子曰：“与其进也，不与其退也，唯何甚？人洁己以进，与其洁也，不保其往也。”互乡这个地方风俗不善，坏人多、好人少。有德之君子都很厌恶这里的人，不愿与这个地方的人来往。此地一童子求见孔子，孔子见了，弟子们为此感到困惑。孔子解释说，这里的风气不好，正需要正其风俗，教人向善。互乡童子求见，正说明他有迁恶向善之心，见了就是助其进步，不见就无异于扼杀其向善之心。不嫌弃童子的过去，对他不离不弃，助其改过迁善，才是以忠恕之道、行仁爱之心。弟子们与孔子朝夕相处，耳濡目染，都难以领会“忠恕之道”的精髓，一旦即事应物，尚有难解之惑。对一般人而言，更是如此。“爱人之心”，加忠恕之道，才能教人迁恶向善。慈善就该有这样的追求。

现代慈善，已经成为规模化、专业化、组织化的社会行动，在救济救灾、倡导人文、改善环境等方面，发挥着越来越重要的作用。在扩大慈善规模、拓展慈善领域的同时，我们更要深挖其正人心、行教化、厚风俗的人文价值。这是慈善文化的核心，也应是现代慈善业的安身立命之本。因此，为善由己、止于至善，正是慈善人的不懈追求。

分清本末，求仁得仁

慈善，仅有仁爱之心，没有为善之法，所谓的慈善使命，只不过是“爱的呓语”。孟子有言：“徒善不足以为政，徒法不能以自行。”如何鼓励有德者先行一步，将爱人之心，化为利人之举，引领人心思善、积极向善，正是当前慈善业需要解决的重大问题。

如何行善？当下的中国慈善业，在求助、捐助、善款使用等环节，时常引发热议。这既与慈善业的定位、价值取向有关，也与为善方法相关。与商业领域相比，我国的慈善业在管理方法、效率等方面，还有很大差距。一些慈善组织，甚至在行善的过程中，因为方法不当，对受助者造成新的伤害。不讲方法、粗暴蛮干，好心办坏事的例子时有发生，不但影响机构和行业的声誉，还损害了慈善业的健康发展。

行善是为仁之术，也是一门艺术。这就是行善为善的智慧和方法。

（一）抓住根本，以德服人

《大学》有言：“物有本末，事有终始。知所先后，几近道矣。”《大学》是四书之一，阐述的是成就大人之学的根本方法。成人与成事一样，首先要抓住核心，分清本末。本末倒置，一事无成。做慈善也是如此，要分清“本末终始”，弄清本末大小、先后次序、轻重缓急，才能种瓜得瓜、行善得善。我国的现代慈善事业，发展时间并不长，对于自己的定位、作用及其发展方向等根本性问题尚未明晰。一个发展中的、尚未定型的行业，面对日益严峻和复杂的社会问题，面度庞大的社会需求，难免有些步履匆匆，踉踉跄跄。欲求大作为，慈善行业须在古今中外的慈善理念碰撞中，在与商业、政府的互动关系中，找到自己的安身立命之本。

慈善从业者，惯常用行业的外在规模，来证明慈善业的快速发展，常常把机构数量、就业人数、捐款多少等当作衡量发展状况的主要指标。不可否认，这是现代社会讲究用数据说话、以此证明行业发展的通用方式。不过，以笔者之见，这不足以从根本上说明行业发展的好坏。慈善作为社会生活的一个部分，其核心在于仁爱，改善的是社会问题或人的生活状态，造就的是“新人”，改善人的精神状态是其根本目的。因此，做慈善是一门为仁之方、成人之术。慈善的整个过程，都是仁爱与道义的结合。中国传统社会把慈善家称为善人，把捐钱救人称为义举，就是这个道理。

慈善之本，就是以人之善心为基础的社会良心或曰人间道义。孔子有言：“骥不称其力，称其德也。”（《论语・宪问》）人们对于好马，称赞的并不是其力量，而是其品德。客观地说，作为第三部门的慈善行业，没有多么雄厚的物力财力。2019 年，我国慈善捐款 1044.5 亿元（不含物资捐赠），还比不上一家大企业的利润。因此，慈善不是一个用钱衡量的部门，其核心价值不是创造物质财富，而在教化人心，敦厚风气，解决社会问题，即以善行感化世人、弥合不公，让为恶之人越来越少，为善之人越来越多。如此，社会必然日趋向善、不断完善。

（二）惠而不费，因势利导

慈善行业不是一个财大气粗的行业，而面对的问题又是诸如贫穷、疾病、保护环境等重大社会问题。慈善面对的问题，也是政府及整个社会共同面对的问题。有人类以来，这些问题就不同程度地存在着。并不丰厚的善款，面对千古难题，无异于杯水车薪。因此，慈善解决社会问题的方式，往往是“惠而不费，因势利导”，用点滴爱心，撬动社会力量。抓住某一问题的一个点，找到一个切口，找到切实的解决办法。

子张在问孔子如何为政时，孔子以“五美”应答，其中一美就是“惠而不费”：“引民之所利而利之，斯不亦惠而不费乎？”意思就是顺应民众的需求，因势利导，做起来不用太费劲，这就是惠而不费。当年的希望工程，正是这方面的典范案例。它由救助失学儿童的初心发轫，用爱心凝聚力量，引发了政府、社会各界的关注，最终在各级政府和民众的努力下，基本解决了问题，提升了我国的义务教育水平。

（三）明辨是非，坚守中道

善行要彰显的并非行善者个人的高尚道德，而是其行为是否符合大义，是否有助于激励更多人向善、为善。尤其是那些具有社会影响力的人，更应注重自身善行对普通大众的影响。孔子对子贡“高尚善行”的批评，就彰显了“中道”的价值、智慧的魅力。

《吕氏春秋・察微篇》中记载了“子贡赎人”的事情。“鲁国之法，鲁人为人臣妾于诸侯，有能赎之者，取其金于府。子贡赎鲁人于诸侯，来而让，不取其金。孔子曰：‘赐失之矣。自今以往，鲁人不赎人矣。取其金则无损于行，不取其金则不复赎人矣。’”鲁国法律规定，鲁国人在外沦为奴隶，如有人将其赎回，可由国家报销赎金。子贡赎回奴隶而不要赎金，孔子为此责备子贡。孔子说，你这样做，从此以后，鲁人不会再赎人了。子贡所做善事，看似高尚，恰恰是过犹不及、毁坏大义的典型做法。一己之“高尚”，只是“小善”，相比而言，鼓励全民救人的法律，才是“大善”，子贡所为，确实不当。这正是孔子的极高明之处。正因为此，孔子生前死后，子贡都是老师的坚定捍卫者，并多次发出“圣人不可毁”的呐喊声。

（四）助人自助，不可自陷

行善为善的主体是“仁人”，是有本事的善人，而要救人于水火，持续不断地行善，就要牢记“助人者自助”的道理，不能轻易让自己陷入绝境。行仁爱之心，必有超人之智。

孔子曾经多次谈到君子之智，后世有人诟病其明哲保身。他与宰我有段对话，很能说明仁人之智的重要性。宰我问孔子，一个人告诉仁者，有人掉入井里，仁者该跳进去救吗？孔子说：“何为其然也？君子可逝也，不可陷也；可欺也，不可罔也。”孔子说，救人有救人的方法，听说井里有人，连情况都没有搞清楚，就跳入井中，不仅不能救人，反而自陷其中，显然不是救人之法；君子可以被欺骗，但是不能糊涂。有段时间，媒体上讨论过一个话题：慈善组织该不该接受贫困者的捐款。有人认为，既然每个人都有捐款的权利，慈善组织就该接受；有人认为，这些贫困者自身难保，不应该接受其捐款。如果是孔子在世，一定会同意后者的意见，甚至还会呼吁大家，为这些贫困者捐钱。因为，身处困境上还能为善，更值得社会尊重，也更值得大家帮助。

2500多年前，孔子活在世上，与二三子周游列国、切磋学问；今天，孔子的道德智慧，依然滋润着后学。我们时常想这么一个问题：如果孔子活在现代，他会不会成为一个慈善家呢？我们妄揣圣人之心，估计应该不会，因为孔子志不在此。《论语》有一段话，十分传神地描述了子路、颜渊、孔子的各自志向。“子路曰：‘愿车马、衣轻裘，与朋友共，敝之而无憾。’颜渊曰：‘愿无伐善，无施劳。’子路曰：‘愿闻子之志！’子曰：‘老者安之，朋友信之，少者怀之。’”子路之善志，是对朋友的慷慨；颜渊之善志，做了善事而不炫耀，不张扬，显示了品行的高洁；孔子之善志，让人各得其所，其“安老怀少”之心，彰显出兼济天下的理想。终其一生，他是一个伟大的“教书匠”——用道德学问，恩泽后世。他没有成为慈善家，却成为恩泽后世的圣人。

（作者单位：李清栋，国家市场监管总局行政学院；
刘丽波，深圳国际公益学院）

善绎人生

天生德于予，桓魋其如予何。

——《论语·述而》

我们所做的公益，真的能让世界变得更好吗？

杨沅泽

引言

这是2016年的一篇旧文。作者当时在一家资助型机构任职，也陪伴了这家基金会度过了成长初期。在4年的资助工作里，他深悟“花钱有风险，做事须认真”的简单道理。

我们将这篇文章重新发出来，是希望展现资助工作者对一线（人、事、关系）的思考，来反思资助工作的有效性：我们所处的公益行业，我们所做的公益，真的能让世界变得更好么？

看Jian·24城，由吕全斌和他的伙伴们2016年发起，通过走访国内二三线城市，拜访当地公益机构、与公益实践者深入对话、举办交流活动，以独立的视角进行观察、记录和分享。旨在为不同领域、不同地区的公益事业搭建沟通交流的平台。

机构使命：敬畏心中的力量源泉

“贵阳蛇头”机构的使命里有“民间社会”“公共利益”这样的词语，并以“平等、尊重、和解”为其价值观。跟机构负责人和员工接触后，发现他们对使命价值观有自己独到的理解。“蛇头”讲述了自己的经历，说“平等、尊重”大家都明白，选择“和解”而不是“理解”，是因为“和解”在“理解”的基础上多了一份行动，一份让社会变得更好的行动；“和解”不仅是自己和社会的和解，更是自己和内心的和解。

“蛇头”机构一位来自农村的中年员工的话，或许能更直观地体现了他们的使命。“助学、救灾，拿资源去发的公益是智障公益，人人都会做，治标不治本。只有在社区里形成不同的组织，提升这些组织的能力，让农村‘三留人员’自己解决自己的问题，才持续持久，我们只是协作者和陪伴者。”他不会说普通话，写的东西错别字连篇，但 8 年间在 23 个村子组织和陪伴了多个农村自组织，让他们自我治理和运营，让农村充满活力。

入行 4 年，见过太多机构实现使命的方式离奇地相似单一：挑选若干华丽的辞藻组合起来，邀请“知名书法家”誊写并装裱悬挂，然后……就没有然后了。挂在墙上的使命并不能让它们很好地活命，在实际工作中既做裁判员又做运动员、做假账甚至被曝光、打着公益的名义一心想发财，每个同行都能从身边举出几个这样的例子。如果真的是公益生态链，那每一环是做资源的搬运工和消耗者，还是努力让资源创造更大的社会价值？常说基金会高高在上不明白 NGO 的苦，我们是否相信做的每一件事都在回应使命：使公益人获得资助、公益组织得到发展？

发起人：珍惜想让社会变得更好的初心

在织金的彻夜步行中，一家志愿者组织的秘书长坦言：她和发起人对机构发展路径有分歧。她希望业务聚焦于服务留守儿童，不再停留表面而是做深做精；发起人希望保持全面铺开，吸引更多的人参与，以筹集更多资金。这样的故事听过很多，这不是谁对谁错的事，每个人都有不同的视角和考虑。

只靠机构成立年数、全职员工人数、年度资金规模等显性数据已不能衡量机构状况。不清楚机构做什么、想弄清楚机构做什么、清楚机构做什么，这样的理解更能反映机构发展的阶段。从不清楚到想弄清楚再到真的清楚，这是每家机构迈向成熟必经的阶段，这也是治理的博弈过程，有些走向了灭亡，有些走向了分裂，有些走向了辉煌。良好的治理，永远是实现使命最好的保障。

我们给了当事人很多建议，却又好像什么都没给。不管未来怎样，希望每个人都不要成为机构实现使命的阻碍，希望她和发起人都有同行的伙伴。

志愿者：相信“用心”会比“专业”更长久

“看 Jian · 24 城贵阳站”最震撼我的就是当地的志愿者。

一方面是对本地资源的动员能力。吃穿住行全部由志愿者安排；近 60 人的彻夜徒步，全程由志愿者组织。接站、场地、车辆、路线、航拍，还有因生病在医院召开的理事会，处处都是志愿者的积极投入和精心安排，终于把我们的“取经”变成了“旅游”。

另一方面是专业。一家当地志愿者组织分享经验：一开始对服务对象需求的分析，随着项目开展不断深入，随着对服务对象了解的加深，对项目的调整和迭代，最后成就一个精彩的项目管理案例。以往我们的印象中。志愿者组织都是泛而不精、华而不实，社会组织都有一套专业的方法。当志愿者组织因越来越“用心”而变得“专业”，根据服务对象需求而筹措的资源在志愿者内部就能消化；而标榜“专业”的社会组织，忘了初心，连生存都困难，如何在竞争中脱颖而出？

年轻人：感恩每一个让你成长的人

听“蛇头”回忆他的经历。说初入行第一次向基金会申请就遇到乐施会，一份项目书，历时大半年，推翻修改 11 次，当时咬牙切齿，后来感谢从此打下的坚实逻辑基础；年初申请一国内基金会的资助计划，一听电话中项目官员稚嫩的声音就知问题不大，见面发现果然年轻，于是成功搞定。

国内最早的一批资助型基金会，员工基本来自国际机构，在那里完成了职业化。现在出现越来越多的草根版资助型基金会，员工没有留洋背景，也没有国际机构从业经历，甚至是大学刚毕业，从零开始。这样的年轻人，通常把对申请开展的每一次走访，当成学习和了解的机会，而不是“审项目”，而是希望更直观地了解行业，希望更直接地接触一线。

在内部，鲜有人能带他们、教他们，也基本没人能带好他们、教好他们，往往一切都靠自己。而他们想要真诚的交流，想掌握真实的视野和能力，而不是表面的“虚假繁荣”。一团和气的圈子氛围，无论对他们的成长，还是对公益的发展，都起不到作用。

期望前辈们有越来越多的认真严肃，让年轻人的行动和思考更务实更长远。

临近三十，职业困顿，交流发现很多伙伴都有迷茫：我们所处的公益行业，我们所做的公益，真的能让世界变得更好么？

能让世界变好的不只是公益，能让世界变好的一定是自己。

（来源：公众号“CFF2008”，作者现任浙江国富慈善基金会副秘书长）

因死亡恐惧，
我成为一名医务社会工作者

冯翠萍

引言

你越了解你是谁，你想要什么，你就越不会让事情烦扰你。

你选择一份工作，原因是什么

朋友常好奇地问我，你读中文专业，是什么原因让你走进社会工作这个行业，它有什么东西在吸引着你？因为社会工作这个行业，在他们眼中完全是陌生的，他们知道志愿者，而对社会工作者的存在是“零概念”。

不可否认，每个人选择一份工作，原因是综合复杂的，有的可能是因为兴趣爱好，有的是考虑薪资福利，有的是性格使然，更有甚者对工作是处于迷茫状态，于是，先找一份工作试试水，把生存问题搞定，再来考虑职业规划等。

在刚毕业的第一年，我也经常问身边的好朋友或同事，你们选择一份工作，原因是什么，从事这份工作有什么意义、价值吗？年轻的他们，在那时并没有给我一个满意的答案，但听得最多的是，根据性格与薪酬来选择工作，例如外向、喜欢与人交流的朋友，选择了做外贸或电商；喜欢稳定生活的朋友，顺利考上公务员；喜欢与小朋友相处的，当上了老师……

诚然，一份工作选择的背后，是蕴含着十分丰富的意义，也是亟须当事人去探索其中奥秘的，或许这样能让当事人更早、更清晰地明白，什么对于自己来说是最重要的，也有利于以后的职业规划等。

为此，回顾从事社会工作两年多的经历，对于未来的职业规划是具有重大意义的。

未竟事件情结，走进医务社会工作

2018年6月底，结束了毕业后的第一份工作，开始走进社会工作行业，在职两个多月，因当时的项目主管问了一句：“你要考研吗？”当初在大学时萌生过的考研想法，“死灰复燃”了，在备考了几个月后，成功上岸。

为了更好地兼顾读书与工作，经多方考虑后，辞去原来的工作，到了广州，这一次又面临着“两难选择”。众所周知，在广州的生活成本挺高的，如果继续做一名社会工作者，面对生存与发展的需要，压力山大，于是，在选择工作时，第一份是面试了项目主管，第二份是项目研究员。

面试都成功了，但因偶然的机会，看到了现在项目的招聘信息，在简历尚未投递、面试机会是否会有以及面试后是否能入职等现实问题尚未有明确答案前，就将前面两个机会拒绝了。事后复盘，这种凭直觉、冲动处事的行为，实在不妥，因为很容易让自己处于不利状态。

相信，大家脑海里会冒出一个问题，“你是因为什么原因选择做一名医务社会工作者？”答案可能会让大家感到惊讶，因为未竟事件情结。

可能大家又会有疑问了，你的“未竟事件情结”是什么？你竟然不是出于价值情怀从事社会工作，你这样的情况，是否会对日常工作的开展造成影响，你个人的价值观与医务社会工作专业的价值观，是否会出现冲突？当出现冲突的情况时，你是如何处理、协调，让两者有更大的可能性、灵活性？

在绝大多数人的眼里，从事社会工作这样一份事多钱少、社会认可度低、目前职业发展不清晰工作的人，多是被刻板为：崇尚人生价值，有奉献情怀，乐于服务社会，甘于为困难群体挥洒生命的一群热血者。

但这只是其中的某些个体，我们不能忽略其他个体的存在，诚如前文所提，选择一份工作的缘由是复杂的，当事人一时半会儿尚不能明晰自己的核心需求，所以，如果一味强调价值、情怀、奉献这些虚的东西，可能让行业的从业者被过度刻板化、标签化，以致面对现实需求时，缺乏灵活性，容易故步自封，间接成为行业发展路上的“梗阻”。

初识：无力感、焦虑感常伴

2019年10月，面试通过后，正式开启了医务社会工作者的工作，而目前所在的这个项目，是一个创新型的“医企共建”的医务社会工作项目，该项目是由水滴筹·水滴公益联合南方医科大学珠江医院共同启动，而这种创新型合作模式，也是当初选择面试的原因之一。

众所周知，当前医务社会工作服务的购买，主要是以“医社合作”或医院自设社会工作者部这两种模式为主，而企业招聘医务社会工作者，入驻医院开展服务的创新模式尚未出现过。所以，这种创新型模式的项目，对于曾在社会工作机构工作过的我，具有说不清的吸引力。

原因如下：一是想了解这种模式下，医务社会工作开展的可能性与持续性；二是受价值观的影响，对于传统购买服务下，社会工作机构高度依赖于政府购买服务的支出，缺乏自我“造血”功能的可持续性发展的思考；三是关于商业与公益的思考，这两者之间的微妙关系，应如何合理呈现，实现双赢。

走进医务社会工作这个领域，成为一名医务社会工作者，背后的原因复杂多样，但唯当面对实际的工作开展时，才知什么是真正的综合复杂。

在结合医院、科室、患者等多方需求下，该项目以血液内科作为试点，开展大病救助服务，因为血液内科的患者常呈现以下的特点：治疗时间长、治疗费用高、治疗的心理压力大等。为了能顺利治疗，这些家庭常常四处筹措费用，以致负债累累，出现因病致贫、因病返贫的现象，为此，医务社会工作者在开展服务时，面对的患者的最大需求：经济援助。

是的，经济援助是医务社会工作服务中不可回避的重要议题，经济基础是决定患者能否顺利治疗的首要条件，但囿于当前社会上救助资源的有限性，救助范围狭窄，救助程度低等现实情况，作为一名新手的医务社会工作者，常常因无法回应患者的经济需求，产生无力感、无能感，严重情况下，甚至自我否定，不断接受灵魂的拷问：“你从事这份工作有什么意义？你好像不能提供患者所需的经济援助服务？你真的适合做这样一份工作吗？你对得起他们的期待吗……”

相识：走近死亡，看见情绪

关于灵魂的拷问，在前期的服务中，持续多月，哪怕现在已经工作接近一年，无力感、无能感也会偶尔出现，但经多次的个案服务开展，在澄清服务需求，解释现实资源有限，及社会工作者如何辩证看待上述问题的存在等问题，无能感和无力感得到大大改善。

同时，作为一名医务社会工作者，面对工作过程中出现的问题、情绪，反思工作显得尤为重要。不能让无力感、无能感、焦虑感在工作初期出现并未引起重视，直到身体出现症状，情绪才被“看见”。因为这并不是每个同工都会遇见的心理情绪，但为什么当我看到躺在病床上脆弱的患者，就会心生怜悯，并在无法满足他的经济援助需求时，会产生无力感、无能感、焦虑感?

是的，这恰恰是我需要深刻反思的人生课题，为此，就有了重新认识自己的一次机会，反思自身对死亡的恐惧，对价值感、存在感的理解与需求，进而找到问题的核心诉求。

此外，通过反思，我也了解到毕业这 3 年来，选择工作的核心要素以及对自我价值实现的追求，又是通过哪些外在的形式进行呈现，而在面对困境时，日后可解决的方法又有哪些，可行性如何，进行了重要的复盘，可谓收获丰盛。

相知：接纳情绪，赋权案主

前文谈到关于成为一名医务社会工作者，很大程度是因为自身的“未竟事件情结”所致。是的，我的家人曾因癌症去世。当时我年幼，对死亡充满了恐惧，以致在某种程度上留下了遗憾，产生了内疚感。

多年后，曾想走进医院，了解癌症患者，陪伴他们，服务他们，以完成年幼时的“心愿”。毫无疑问，“未竟事件情结”在开展服务时，能助力我更好地倾听、共情患者及其家属，理解他们内在的恐惧、焦虑与对生命的渴望。

但显然，凡事均有利弊，“未竟事件情结”也间接触发了我潜意识里隐藏的无能感、恐惧感，过去的创伤被重新唤醒，必然是痛苦的，但值得庆幸的是，在无能感、恐惧感的多次打击下，我学会了接纳，接纳过去的自己：确实是年龄尚幼，确实是能力有限，尚未能接纳死亡，于是，采取回避的方式，保护自己。

在接纳创伤后，服务的开展也变得顺利起来，同时，随着个案服务开展的深入，我发现，除了经济需求外，患者及其家属，尚有其他方面的服务需求，这也就需要社会工作者，学会换角度理解微观的“生活场景”，从优势视角、叙事治疗视角等出发，换个角度去“看见”他们，“赋权”他们。

患者及其家属在确诊初期，常出现否定、愤怒、自责、恐惧等情形，社会工作者可在患者入院的初期，进行服务介入，提供情绪支持、信息资讯等服务，鼓励他们多与家属、朋友、病友等进行交流，获得社会支持。

同时，在介入的过程中，及时正向反馈他们在疾病面前所呈现的解决问题的潜力，适当赋权，让他们在困难面前，提升解决问题的能力，而不是犹如初入行的时候，误将自己当是拯救者，而将患者视为疾病受害者，这种看待问题的视角，就值得警惕、反思。

无问西东

最后，作为一名派驻项目的医务社会工作者，在医院这个特殊的工作场所，处理复杂多变的人、事、物，可能会面临着多种的压力，引发各种潜在的情绪，这对同工自身的素质、能力，提出了极高的要求，希望从业的同工，也能多多关爱自己，看见自己内在需要。

同时，出于对“医企共建”项目的可持续性发展的思考，以下几个方面，也值得进一步探讨：一是在个人层面，如何满足同工的多元成长、发展需求；二是在服务层面，如何在资源有限的情况下，综合协调，满足多方需求；三是在专业层面，如何“跳跃”常态形式，促进专业服务能力的提升；四是在行业层面，如何有效增强在行业的话语权、公信力，获得社会认可。

谨以此文，反思在过去一年工作上的成长。

（来源：微信公众号“社工观察”）

公益带给我不一样的人生

袁晶

引言

作为一名社会工作者，我们要做的是“生命影响生命”的过程，达到“助人自助”的目的。一开始，我觉得自己在服务别人，慢慢地，我发现，其实是最终也是在服务我自己。

遇见

2005年的高考没考好，考虑是否读技校或是放弃学业时，收到了一份不记得是否有报这个学校这个专业的录取通知书——长沙民政职业技术学院社会工作系社会工作专业。那会儿，亲戚中就数大伯有见识，便跑去问大伯，想知道这是个什么专业，以后做什么。大伯说：“这个就是新闻里说的，哪里发生灾害就去救灾的，这个不好做，你去学校，让学校老师给你调专业。”

当然，我去学校报到了，并没有提出转专业。不是因为想做社会工作者，而是那会儿我很内向，胆子小，不爱说话，见着老师都畏惧几分，哪敢提转专业的事。

大三上半学期，学校实行“3+2”实习，即3天实践2天回校上课，在这每周3天的实践中，我开始接触公益，和几个同学一起，懵懂地跟着一位资深志愿者参与各种公益活动。我们几个同学一起组织人员免费去电影院看电影、进行义卖、协助老师在职业学校给学生开展活动，等等。

这段时间，我更多的体会是怎样组织活动，比较少得到社会工作方面的引导，不过，也是这个实践，让我对自己的能力有了新的认识，自信心也得到了提升。我想是因为参与的事情多了，了解熟悉的也多了，自己的参与也得到了实践老师和学校老师的认可，使我的自信心得到了提高。也是基于这段时间的实践和老师对我的认可，在大三下半年进行毕业实习时，老师推荐我到专业性强的北京协作者进行专业实习。

锻炼

2008年2月14日，我坐上了前往北京的火车，第一次来到北京，来到陌生的胡同，找到了胡同深处的协作者。协作者的同事雯雯带我找了个住处，双井桥一个小区的地下室，每月300元，10来平方米不到的空间放了两张上下铺，我就在那里等另外两个一起实习的同学。实习报到前，北京协作者的李涛和李真老师半夜开完会还特意来看望了我们，嘘寒问暖，让初来乍到的我们备感温暖。接下来就是每天早起挤公交的实习日子。

2008年，北京协作者已经成立了5年，有着丰富的专业服务经验。这种专业性，不仅体现在服务活动当中，也体现在同事间的相处中。开始实习的第一个周末，我便有机会参与了北京城郊社区的家庭走访，这是北京协作者服务了5年的城乡社区接合部。许多从河北省张北县来的菜农，带着家人在这里租种土地，自建简易房，虽然条件挺艰苦，但人却很热情、淳朴。跟着走访了一户人家之后，我和另一个实习生同学要搭档访谈，有担心，也有在心里做着准备，回顾着要了解的问题，回顾着其他人访谈的方法，暗自告诉自己要注意专业技巧的运用。

这是一个3口之家，女主人一人在家。我们来访的目的一说出口，她便滔滔不绝地开始述说。一开始，我记得个案技巧里提到的要倾听、回应、同理……所以在听她讲述时也很认真，眼睛关注着她，不时地“嗯”，点头表示回应。慢慢地我发现，她不断地在说，但讲的就是同一个问题。于是，我们开始想办法，想婉转地了解其他问题。她也挺配合的，有问题她就回答，回答完了，继续说原来的话题。而这个话题我无法真正地去回应她，只能一味地听、点头，但心里挺焦急的，不知道如何是好。直到“救星”到才把我们换了出来。

这就是我遇到的第一个困难：如何运用好个案的技巧？其实方法没错，也都是好东西，但好东西没有了灵魂，那也只是个空壳。灵魂是什么？是对人的关注。问问自己，你真的关心面前这个人吗？如果你真的关心，你就会认真地听她说，想知道她的事情，想知道为什么。把自己放到对方说的情景中去，感受那个时候的担心、焦虑，给对方安慰。所以从实习开始，不论你做的是什么工作，都别忘记了带着专业角色去思考，让自己养成习惯。

在北京实践的一年，是协助我从学生到工作者角色的过渡、提升社会工作服务能力的一年。这一年，有许多的思考，当然也有挣扎。当意识到自己已经不是学生了，应该有自己的工作责任承担，我会特别怀念学校里那段无忧无虑的日子。有时候，我还想，做社会工作者太难了，退而求其次，做个志愿者就好了。对志愿者的要求没那么严，这样自己能做得轻松自如。想是这么想，但还是一点点坚持做下来。我想这一点一滴的坚持源于对社会工作的认同，也来源于活动中接触到的每个人。

在这一年里，我时常梦见自己在带活动中出状况了，惊醒后庆幸是场梦，便赶紧检查活动有没有纰漏，反而使活动开展减少了错误的发生，竟也喜欢上做这样的梦。我也写过检讨，准备打退堂鼓时，幸亏雯雯的鼓励和说服，才让我调整了心态，重新面对工作。开展服务过程中对参与者的观察也因雯雯给了积极肯定的反馈更加用心，对之前有些害怕的评估也慢慢改观，状态越来越好。

我想，步入社会的第一年，对于每个学生来说，都有着非常重要的意义。在这个第一年，让我明确了自己的职业发展方向。特别是看到社区的孩子为了参加表演，因手脚冻伤太疼哭了还要坚持排练；社区的大哥大嫂看到我们到社区后的嘘寒问暖和对服务的支持；言语间感受到他们在生活中的挣扎，在工作中的无奈，感受到他们的追求和期待……从中，也感受到做每一件事的意义和自己的价值所在。在实践中，我感受到观察和反思对自我成长的重要性，也深刻地体会了“在行动中反思，在反思中行动”。

发展

2008 年 12 月，珠海协作者在北京协作者、伟创力和珠海民政局的支持下注册成立了。我和杨玳瑁便到珠海协作者开展工作。2009 年 2 月 2 日晚上，我来到了人生地不熟的珠海，天色很晚，已看不清这个地方的全貌，只看到一排排的店铺，是个不愁没有饭吃的地方。与玳瑁会合后，她给我大致地介绍这个工业园社区的情况。

2008 年底，玳瑁在珠海协作者注册成立后便一人留在了珠海，与工厂沟通需要的支持，找机构的位置，找人装修等前期的准备工作。等我到时，机构的房子已经简单装修过，只是装修后的场地需要我们自己打扫，这可是很大的一个工程。

好在机构开展之前，北京协作者面试通过的 3 位实习生也即将到位。

在珠海开展服务深切地感觉到，要带好一个团队，真是不简单。如何把良好的团队文化氛围持续下去，如何安排好服务活动及工作任务，如何避免自己的情绪影响团队成员等都是自己面临的困难。社会工作的反思能让自己意识到要改正的不足，意识到要自我克制，自我调节，不断提高自己的能力，困难是提升自我的奠基石。

珠海服务的顺利铺开，基于在北京开展一年的服务打下的良好基础。在珠海的第一个活动是我组织的元宵节，那会儿参与的人员基本上是前期田野调查时认识的，虽然人不多，但也是其乐融融，有了个美好的开端。起初的活动类别少，活动并不太多，基本上是我和玳瑁加 3 名实习生全员出动，慢慢地，我们开始考虑需要人尽其用，也需要侧重培养实习生。

在珠海，我的角色也发生了变化，我不仅需要开展服务，也需要协助实习生提升他们的专业服务能力，也从原来完成机构直接安排的工作变成负责安排协调整体的服务工作，对我来说，这些都是全新的东西，又是一次大挑战。

有了一年成长的收获，面对 3 个实习生，我每每都想把我知道的统统告诉给她们，好让他们少走弯路，所以每次活动的筹备会或是评估会，我都会以自己的经验，说很多，提醒一大堆，哪怕是很小的细节。本希望协助他们做得更好，可最后的作用却相反。

到底应该怎样带实习生呢？记得离开北京时，督导和我交谈了一次，也提到带动实习生的事情；我也是从实习生走过来的，需要结合我的情况，设身处地地站在实习生当时的情境下去考虑她的困难，而不是现在这样一味地提醒与要求。

在意识到自己的问题后，我也调整自己的状态，出现问题时不会再直接地告诉实习生应该怎样做、怎样想，而是先了解实习生为什么会选择这样做。通过提问的方式，引导实习生自己去思考问题，给他们多些鼓励与支持，同时放手让他们去做一些事情，工作人员把握好原则、底线、应急处理。

经过两年的服务开展，珠海协作者凝聚了一批志愿者，随着志愿服务的深入，我感受到志愿者参与的成长和需要。2010 年 7 月，珠海协作者启动“向日葵计划”，尝试通过项目的方式，与企业合作，让志愿者能够获得更多成长和支持，希望志愿者能够通过系统、专业的学习，成长为具有一定社会工作理念与实务能力的志愿者，挖掘和发展他们的能力，服务社区更多的人群。

在整个过程中，我和团队实时对志愿者进行督导，开展一对一或是小组督导，协助志愿者克服活动设计、主持、开展等各个环节中的困难，协助志愿者反思自己的困难和问题等。

2011 年 4 月，11 名志愿者分成了 3 个小组，我们根据志愿者想在社区开展的活动引导项目设计，开始实践。我负责带其中两个小队的志愿者分别开展两个活动项目。这些志愿者与之前自己带实习生还不同，他们没有系统地学过社会工作专业，文化水平高低不同，对事情的理解程度也不同。有时候就需要示范、讲解、评估，让他们明白。比如活动的评估会，志愿者没有主持过，也不太了解为什么要开评估会。我和大家一起参与，让他们明白评估出来的东西不仅自己从中受益，整理出来的内容对其他可能也面临同样问题的人也有帮助。

如何开评估会呢？大家都面面相觑，都不知道怎么办好，我就给大家做示范。当我示范好之后，会与大家一起梳理一下这个过程中使用了哪些专业方法，以便让大家更好地了解和尝试、运用。当然，这个过程中，需要对志愿者努力改善的举动表示鼓励，哪怕刚有个念头，这样能促使他们坚定地去思考、去行动；也需要注意观察志愿者在项目开展过程中的情绪状态，因为他们还面临着在工厂工作的压力，需要更多关注与督导。

2010年，在李真老师的带领下，我和23名志愿者一起参与了民众戏剧的培训，并见证了《一个民工的幸福生活》创作的全过程。这个过程中我不仅感受到志愿者们的变化，对自己又多了一份了解：原来放下自己，全身心地投入，能够把需要的、最好的状态显现出来。在剧情表演过程中，我感觉每个人都是生活中的一个表演者，你所做的事情，就是全身心投入地扮演好你的角色。

在带领“向日葵计划”的过程中，我收获的不仅是个人的成长，因为那 11 名志愿者中，后来有 6 名陆续参加了国家社会工作资格考试，其中有 3 名通过了考试并拿到了助理社会工作师资格证书，先后进入到社会工作领域工作，其中有一名在珠海协作者成为专职社会工作者至今。

突破

从沉默少语到“话痨”，从在众人前发言脸红到活动带领中的有条不紊，从社会工作技巧运用的生疏到烂熟于心，从犹豫徘徊到有信心去迎接挑战等的变化，都离不开协作者团队对我的培养，悉心引导，为我提供的足够空间和试错机会。

没有团队的包容和支持，个性慢悠悠的我也许今日不知在干些什么呢。因此，在珠海需要去带新同事的日子，也保持着这份包容与支持，和团队成员一起共事、生活，彼此更为了解，情感也更深。记得有位来协作者应聘试用的同事在和同工讨论事情处理看法时反馈："你们的想法，处理方式一样一样的。"她当时表达的言语很诧异，好像不该这样。之前我还真没留意过，听到她的评估倒觉得团队成员思考事情的角度、理念一致，挺好。

这是个有爱的团队，对于我来说，在珠海因为有这个团队的存在而有了归属感，每次从老家回来，也有种回家可以见到亲人的感觉，有什么事都想找团队的人说说。

回归

2016 年休产假期间在老家，发现老家的幼儿园很多，而乡村的幼儿园基本上以带孩子为主，家里的亲戚为方便接孩子，居然也可以去幼儿园教书，估计聘请的老师也没有多少专业性。我妈说"你也可以去"。而小学现在一个班有 70 多个人，老师根本管不过来，以至于托管、补课随处可见，我侄子也是补课大军中的一员。据说补课老师叫上他上高中的孩子两个人为近 30 个人辅导作业。侄子功课也没见有什么长进，语文作业虽做完了，但下次还是不能理解题目，完全是为了应付作业而写完，令人犯愁。侄子的爸爸也不知道怎么管，没耐心，孩子对他只有畏惧，能不在一起就不在一起。想想协作者童缘，社会工作者从孩子的特点出发，培养兴趣，引导功课……多希望老家有个协作者童缘。为适应新添闺女带来的生活变化，看到老家服务的缺陷，结合这些年来的服务经验，我开始重新考虑如何将生活和工作更好的兼顾——在老家开一个"协作者童缘"——这是我的理想，也希望是可以实现的理想。

很快，有个"童缘"的梦想，2019 年 1 月，我们收到江西省民政厅发来的注册审批通过信息，这个梦实现了。2017 年，返乡的我遇到了同样从北京协作者返乡的玉方，我们都有一个简单的想法，把在外面从事了这些年的社会工作服务在家乡做下去。2018 年，在协作者同事玳瑁的指引下，在协作者创始人李涛老师的支持下，我们决定筹建"江西协作者"，谋划机构发展方向。2018 年，我们在村里的祠堂举办了首届“快乐童年·幸福家园”乡村公益夏令营，在闲置的幼儿园举办了乡村公益冬令营，和村小的孩子建立了关系，获得了家长、学校的认可。这些努力都为“江西协作者”的成立奠定了基础。

随着“江西协作者”服务进入正轨，儿童的服务需求量大，我们也链接了高校的社团，服务活动的开展也更频繁，加上下半年每一两个月需要出差上饶至少一周时间，我投入到工作中的时间精力更多。

相比我在工作中的价值感而言，处理自己与两岁女儿分离的焦虑感来得更强烈，我才意识到谈理想时，把曾让我纠结的家庭影响因素淡化了。我以为自己可以，其实并没有想象中那么强大，这使我懊悔过自己的欠缺考虑，对孩子怀有歉意，但也唯有逼着自己做好心理建设，积极去面对。这个阶段的度过得益于过往服务经历中接触到的家庭教育、亲子沟通等服务，机构开展的《他们也是父母》调研对我认知的影响，它让我知道要正向看待分离期，做好自身的心理建设，积极采取一些行动协助孩子理解这种分离，同时也得益于家人对我的理解和支持。

在从事社会工作的这一路上，对我个人的发展带来了许多的变化，我也在不断地重新认识自己，自己的潜能被挖掘出来，获得更多成长。社会工作路上的10来年，有过他人的认可，有过价值实现感，但也更感觉到自己能力的局限，也不时会有迷茫，我想不论历经多少，依然需要回归初衷，放下自我，开放、包容、接纳、吸收、思考。

我很庆幸自己遇见社会工作，遇到协作者这个有专业有爱的团队。可以说，社会工作带给我不一样的人生。

（作者简介：珠海协作者第一代团队成员，社会工作师，曾获“广东省社工之星”荣誉称号。2017年因家庭原因回到老家江西；2018年参与创建了江西协作者，现任职于江西协作者）

《善行天下》征订单

习近平总书记指出："民政工作是'菩萨'事业。做'菩萨'事业就得怀着菩萨之心，怀着大爱之心、爱民之心。"

做慈善工作，更需要有"菩萨心肠"。《善行天下》由中华慈善总会组织编辑、中国社会出版社出版发行，是反映我国慈善公益事业发展的权威读物。它既介绍各地政府和部门及社会组织宣传、普及《中华人民共和国慈善法》的经验，也报道企业和个人慈心助人、善举济世的故事，还刊登民间力量创新慈善公益事业的做法，以培养积极的慈善意识，激发科学的公益思维，更好地践行社会主义核心价值观。

欢迎各级民政部门和慈善组织征订《善行天下》，助力"菩萨事业"。

定价：50.00 元 / 册　　2021 年全年 4 册 200.00 元 / 年（含邮资）

★银行汇款：

开户银行：招商银行北京分行营业部
户　　名：中国社会出版社有限公司
账　　号：860186144910001
行　　号：458
联 行 号：308100005027
注：汇款之后需在一个月内开具发票，过期不予补开

★邮局汇款：

通信地址：北京市西城区二龙路甲 33 号
　　　　　新龙大厦 4 层
收款单位：中国社会出版社有限公司
邮　　编：100032

联 系 人：时建明（010）58124867　　传　真：（010）58124866
　　　　　王志航（010）58124865

《善行天下》订购单

订购单位				接收电子发票的 QQ 邮箱	
收书地址					
联 系 人		联系电话		邮 编	
2021 年订购套数	单价（¥200.00）× 套＝ 元			全年 4 册，200.00 元（含邮资）	
合计金额	大写金额： 元				
发票单位名称				汇款方式	邮局 / 银行

▲订购回执回传方式：1. 扫描订单左边二维码填写并提交电子订单（重点推荐）　2. 电子版信息发至邮箱：3056345766@qq.com　3. 传真：（010）58124866　4. 邮寄：北京市西城区二龙路甲 33 号新龙大厦 4 层　收件人：王志航　邮编：100032

▲如需电子版征订单的订户或咨询其他事宜，请与 QQ 3056345766 联系。